¡LEE MI CORREO!

CÓMO ESCRIBIR BUENOS CORREOS ELECTRÓNICOS

APRENDE TÉCNICAS PARA QUE ABRAN Y ENTIENDAN TUS MENSAJES

Otros libros del autor

Storytelling: La escritura mágica. Madrid. Mirada Mágica. 2017.

Cómo Hablar y Presentar en Público. Madrid. Mirada Mágica. 2016.

Trucos para escribir mejor. Madrid. Mirada Mágica, 2013.

Manual para escribir como un periodista. Madrid. Mirada Mágica, 2015.

La Edad de la Codicia. Madrid. Madrid. Mirada Mágica, 2015 (La primera edición se publicó con el título *La crisis explicada sus victimas.* Madrid. Ed. Altera, 2009.

La tumba perdida de Cervantes. Madrid. Mirada Mágica. 2016.

Las Once Verdades de la Comunicación. Madrid. Lid. 2010.

A Gonzalo Giráldez, amigo e impulsor de este libro.

ÍNDICE

¿Alguien lee los correos?.................................... 9

El estatus y el dominio.................................... 11

Calcula el tiempo perdido................................ 13

Piensa el asunto 15

Las palabras anzuelo..................................... 18

Humaniza tus mensajes 21

Da las gracias.. 23

El tono de tus palabras.................................. 26

El condicional de cortesía.............................. 31

Atrapa con preguntas.................................... 34

Cambia tus preguntas.................................... 38

Cómo seducir al inconsciente 42

Convierte negaciones en afirmaciones 46

Da el tono con ¡exclamaciones!...................... 48

Abstracto y concreto: la fuerza visual 51

Hilos, enlaces y archivos 54

Los listículos en los mensajes......................... 58

Comienza con el problema 61

Los emojis nos animan 64

Las plantillas de marketing............................ 67

El tamaño de la letra 70

Cómo Gmail detecta el spam.......................... 72

Escribir enfadado es peor 74

Riesgos del teléfono...................................... 76

Cómo escribir mensajes cortos 78

Los números y las letras 81

Adiós a estos signos: ¿ ¡ 85

La caja de sorpresas 89

¿Por qué no usar WhatsApp?.......................... 93

Nada sustituye al cara-a-cara 96

Cómo parecer eficaz 99

El método de Jeff Bezos 102

La corrección final.. 105

Algunas curiosidades 107
Ejemplos 1: mail al cliente 109
Ejemplo 2: mail a compañero 112
Ejemplo 3: para reforzar relaciones 114
Ejemplo 4: el mejor correo del mundo 115
Normas de seguridad 116
Otros libros de Carlos Salas: 119
Agradecimientos 120

¿Alguien lee los correos?

En mis cursos sobre escritura de correos electrónicos hago esta pregunta a cada uno de los asistentes:

¿Qué te gustaría mejorar de tus correos electrónicos?

Y la mayoría responde:

> –Me gustaría ir al grano
> –Me gustaría parecer más amable.
> –Me gustaría explicar mejor las cosas.
> –Me gustaría que leyeran lo que escribo.

Muchos correos electrónicos se quedan sin leer porque son muy largos, parecen rudos o no se entienden.

Esta guía contiene una serie de técnicas para escribir mejores correos electrónicos: desde enganchar con un buen "asunto" hasta despedirse. Enseño técnicas para exponer ideas con claridad o cambiar un tono rudo a uno amable.

También explico cómo ir al grano y ser más conciso. Y muchos trucos desconocidos como llamar la atención del lector con preguntas, seducir al inconsciente con determinadas frases o modificar el sentido de una palabra con un signo. La meta de esta guía es que los demás abran y lean nuestros mensajes.

El contenido de esta guía práctica lo imparto desde hace años en cursos para empresas. Son técnicas que se aprenden de inmediato. He recogido montones de casos, incluido el método de Jeff Bezos, fundador de Amazon.

El estatus y el dominio

Cuando abres tu correo electrónico, aparece en tu bandeja de entrada algo como esta imagen de abajo. (En este caso, Gmail).

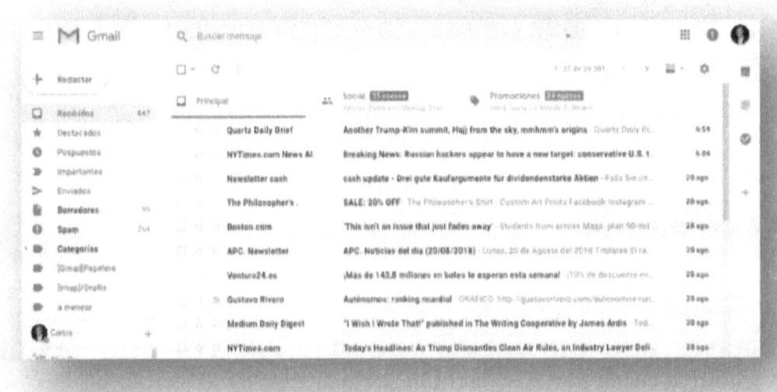

Hotmail, Yahoo! o Outlook tienen cosas parecidas.

En cuestión de segundos, tu cerebro tiene decidir qué mensajes son necesarios y cuáles innecesarios.

¿Cómo lo hacemos?

Me gusta usar el ejemplo del tráfico. Cuando intentamos entrar en una avenida donde los vehículos pasan a baja velocidad, dependemos de que alguien frene un poco y nos deje pasar. El truco para lograrlo consiste en mirar a los ojos del conductor del vehículo que se aproxima y poner cara de tristeza. Cuando esa persona percibe que nosotros aceptamos su estatus dominante, nos hace una señal para que pasemos. Claro. Dependemos de su autoridad.

El mismo estatus de dominio se aplica al mundo de la empresa: abrimos todos los correos del jefe; pero solo la mitad de los correos de las personas que están a nuestro nivel; y apenas algunos correos de las personas que están por debajo de nuestro nivel.

Lo mismo sucede con los correos que van o vienen fuera de la empresa: abrimos rápidamente los correos de nuestros clientes, porque dependemos de ellos. Pero no abrimos tanto los mensajes de nuestros proveedores, porque dependen de nosotros.

Te recomiendo

El mejor truco para recordar que debemos responder a un mensaje es que una vez abierto, hay que volverlo a poner como "no leído". Así se marca en **negrita** y es más fácil volverlo a buscar para responderlo.

O bien, podemos marcarlo como "destacado", o "importante". Lo malo es que está demostrado que todos pasamos de largo por los mensajes abiertos de la bandeja de entrada, a pesar de que estén marcados como "importantes".

Calcula el tiempo perdido

El profesor Tom Jackson (Universidad de Loghborough, Reino Unido) desarrolló una curiosa Calculadora del Coste de los Correos Electrónicos.

Imaginó una empresa de 2.420 trabajadores lo cuales recibían una media de 80 mensajes por trabajador al día. El salario medio era de 25.000 euros y la jornada semanal, de 37,5 horas.

Pues bien, según la Calculadora de Jackson, esa empresa perdería 8.000 euros por empleado al año solo por el tiempo invertido en detener su actividad, leer correos y recuperar el ritmo de trabajo. Eso suponía para la empresa casi 20 millones de euros al año de tiempo perdido.

Hay gente que interrumpe su trabajo a cada rato para comprobar si tiene un nuevo mensaje. Luego, tarda hasta 25 minutos en retomar la tarea que estaba haciendo. Eso sucede porque los correos electrónicos son adictivos, según un estudio de Microsoft con empleados que usaban Outlook[1].

Además, los correos electrónicos aumentan el ritmo cardíaco, la presión sanguínea y el cortisol (la hormona del estrés), según otro estudio para la Universidad de Loughborough dirigido por Jackson[2].

---

[1] Taube, Aaron. "You Lose Up To 25 Minutes Every Time You Respond To An Email". *Business Insider*. 9 diciembre 2014.
[2] "Email – yet more stress at the office?". *Loughborough Echo*. 4 Jun 2013.

¿Qué hacer ante el estrés y la adicción que nos hacen gestionar tan mal nuestros mensajes?

–**Primero**, debes establecer cuántas veces vas a consultar tu correo electrónico al día. ¿Una vez cada hora? ¿Cada dos horas? Los estudios sobre productividad indican que lo ideal es consultarlos cada 90 minutos.

–**Segundo**, elimina las notificaciones que saltan de repente en tu pantalla; esas que dicen: ¡Tienes un email!

–**Tercero**, elimina las suscripciones a newsletters o informes que van a invadir tu bandeja, y que al final no abrirás.

–**Cuarto**, marca inmediatamente como "correo no deseado" (o "marcar como spam") aquellos mensajes comerciales o sin interés, porque si no lo haces ahora, te seguirán invadiendo la bandeja de entrada y te harán perder tiempo en el futuro.

Te recomiendo

Calcula cuánto tiempo pierdes cada día manejando mal tus correos electrónicos. Luego, multiplícalo por tus días laborales al año. Te saldrán muchas horas perdidas.

Piensa el asunto

El asunto es una cuestión importante. Primero porque si quieres recuperar tus viejos e-mails, no sabrás cómo encontrarlos al no haberlo aclarado bien en el "asunto".

Y segundo porque si escribes las palabras adecuadas en el asunto, conseguirás lanzar el anzuelo para que te lean. Es lo primero que se lee.

Tipos de asunto.

MAL

Asunto: [.] (en blanco significa que te importa un bledo la otra persona)

Asunto: ¡Importante: léelo inmediatamente! (Puede tratarse de marketing)

Asunto: El archivo que pediste (Puede ser un virus)

BIEN

Asunto: Confirmados 10. Necesitamos más espacio. (Información desde la primera palabra).

Asunto: Factura junio 2010 (Si pones en todos tus mensajes la única palabra 'factura', nunca encontrarás la que buscas).

Los asuntos deben ser cortos y concisos. Pensemos que los correos electrónicos se deben leer bien en los teléfonos móviles. Todo el contenido del asunto debería leerse en una pantalla de móvil.

En la imagen siguiente, se demuestra que los asuntos cortos pueden leerse en una pantalla, pero los largos, se salen de la pantalla.

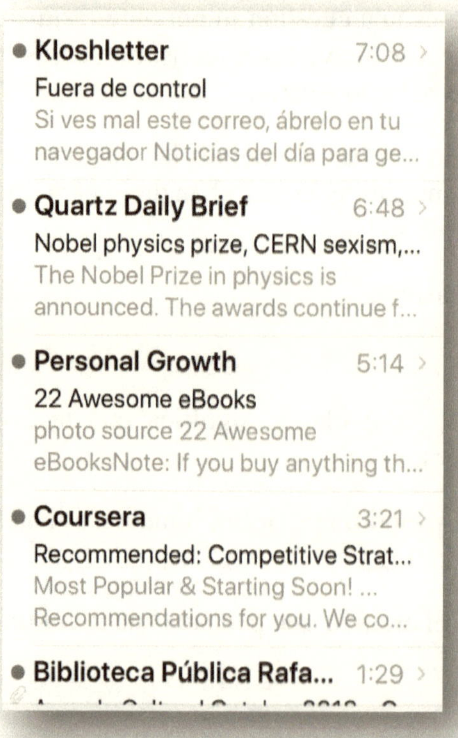

Se puede usar la técnica del suspense para atrapar la atención

–Mejor no leas este mensaje.

–Creo que esto no te va a gustar.

–Te sorprenderá este documento.

El problema de esa técnica llamada *clickbait* (muy usada por los periodistas y por los comerciales) es que la otra persona se cansará de tantos asuntos llenos de suspense. Un día dejará de abrirlos.

Te recomiendo

No hagas perder tiempo a la otra persona. Ve al grano y escribe asuntos concretos y cortos.

Las palabras anzuelo

Ya hemos visto qué poner en el "asunto".

¿Y en el texto del mail? Antes de que una persona abra tu correo, ya puede leer la primera línea de cada mensaje pues aparece en la bandeja de entrada, después del asunto. Es algo que permiten Hotmail, Yahoo!, Gmail y Outlook. Se puede verificar en el apartado Configuración, en Mostrar Fragmentos de Texto.

Gustavo Martínez Documentación Carioca Fitz para el jueves – Hola,

Si el texto del "asunto" es muy largo (como aparece arriba en negrita), entonces quedará muy poco espacio para incluir algunas palabras del mensaje principal, como ocurre en el ejemplo de arriba, donde solo entra la palabra "Hola".

Para que funcione mejor, la clave está en que el texto del asunto deje espacio para la primera línea del mensaje. Y que ambos textos sean claros y atrapen la atención. El "asunto" suele estar en negrita, y el comienzo del texto principal está en redonda.

Por ejemplo:

Gustavo Martínez. Carioca Fitz jueves – Hola, Juan, esto te sorprenderá

Es decir, en esa primera línea (antes de abrir el correo) debes poner cosas que sean interesantes para la otra persona. "Esto te va a sorprender".

Lo que nunca debe faltar en la primera línea es un saludo y el nombre de la otra persona.

Hola, María.

Está demostrado científicamente, que los seres humanos abrimos más aquellos correos que se dirigen a nosotros en primera persona.

Esta treta se la conocen a fondo los especialistas en marketing. Por eso, tras obtener nuestros nombres en bancos de datos (o por métodos dudosos) nos dirigen sus cartas comerciales con un:

Hola, Carlos:

Hola, Juan:

Hola, María:

Si identificamos que es una carta comercial, a lo mejor no la abrimos. Pero lo que es seguro es que nuestra mirada se detendrá una milésima de segundo más en esas palabras personales.

Es más que recomendable añadir una frase de cortesía:

Hola, María: ¿cómo estás?

El hecho de interesarte por la otra persona con un "¿cómo estás?" incrementa las posibilidades de que su mirada se detenga allí, y que abra tu e-mail.

La humanización de los mails es la forma más rápida de conectar emocionalmente con la otra persona.

Si vas a reenviar el mail a varias personas, cambia el encabezamiento que tenías al principio. ¿Por qué?

–Porque a las mujeres no les gusta que les hablen como "querido Juan".

–Porque al de Recursos Humanos no le gusta que le confundas con el de informática

–Porque al jefe no le gusta que le trates como a tu colega de despacho.

Te recomiendo

Debes saludar siempre al comienzo del mail, e interesarte por el estado de salud de la otra persona. Así sabe que eres "un ser humano" y que la tratas como "un ser humano".

Dale Carnegie escribió un libro titulado *Cómo ganar amigos e influir en las personas*. Uno de sus consejos es: "Para toda persona, escuchar su nombre es el sonido más dulce y primordial en cualquier idioma".

Humaniza tus mensajes

Las formas coloquiales humanizan los mensajes:

> Vaya hombre…
> Imagínate…
> Mira por donde…
> Fíjate en este punto llamativo…
> Qué cosas…
> No sé en qué pensaba…
> Tienes razón…

Otra forma de humanizar los correos electrónicos consiste en adjuntar una foto: una cara sonriente. Eso se puede insertar en la Configuración, de modo que no solo aparezca el nombre de la persona que nos envía el mensaje sino su cara.

Carlos Salas   carsalas21@gmail.com

Debería configurarse también para aparecer al final del correo, junto a la firma.

Carlos Salas

Cuando se envían mensajes a personas desconocidas, lo más recomendable es presentarse en las primeras líneas. Algunas personas recomiendan incluso, hacerlo en "el asunto". A mí, eso me suena a correos comerciales y no les suelo hacer caso.

En cuanto al vocabulario, la forma más rápida de deshumanizar un correo es mediante el uso de los impersonales como "se": se hacen cosas, se planea en esta empresa, se van a organizar jornadas…

Gramaticalmente se les denomina "pasivas reflejas".

Para humanizar los correos, es mejor emplear las primeras personas del singular o del plural: yo o nosotros.

"Vamos a hacer cosas"; "planeamos en esta empresa"; "voy a organizar unas jornadas".

Te recomiendo

Si quieres que sepan que eres un humano eficiente, responde a todos los mensajes antes de 24 horas. Y si te retrasas en la respuesta, encabeza el próximo mail diciendo. "No me he olvidado de ti". "Siento la tardanza".

Da las gracias

Adam Grant y Francesca Pino hicieron un experimento curioso[3]. Pidieron a un grupo de personas muy ocupadas que ayudaran a ciertos estudiantes a rellenar unas cartas de presentación. Cuando estas personas "ocupadas" enviaron sus consejos por correo electrónico, los estudiantes respondieron lo siguiente:

> "Solo quería que supieras que recibí tus comentarios sobre mi carta de presentación".

Entonces, Grant y Pino pidieron a esos estudiantes que volvieran a pedir ayuda a las mismas personas "ocupadas" solicitando que en el plazo de tres días les resolvieran otras dudas. En este caso, solo el 32% de las personas "ocupadas" les respondieron de nuevo.

Sin embargo, cuando los estudiantes escribían frases del tipo "¡Muchas gracias! Me siento muy agradecido", y luego pedían más ayuda, la tasa de respuesta de las personas "ocupadas" aumentaba al 66%.

Dar las gracias es algo tan obvio que parece ridículo decir que es imprescindible en la comunicación. Pero hay que insistir en ello porque nos hemos olvidado de esa norma de educación. Nos gusta que agradezcan nuestro trabajo. Y nosotros deberíamos hacer lo mismo con los demás.

---

[3] Grant, Adam (2013). "6 Ways to Get Me to Email You Back". *Psychology Today*. Jun, 25, 2013.

A veces nos encontramos en la primera línea de un mail estas frase:

"Hola María: ¡¡¡muchas gracias!!!!!

Inmediatamente, nuestro cerebro crea la imagen de que esa persona es una persona empática. Seremos más propensos a ayudar a esa persona, a responder sus correos y a solucionar sus problemas.

Pensemos además que si esas palabras las leemos en la bandeja de entrada, después del asunto, nuestro impulso a abrir el correo será mucho mayor.

El mejor estímulo que puede recibir un empleado un viernes, después de una semana de intenso trabajo, es abrir su correo electrónico y encontrarse con un mensaje de su jefe así:

Hola, Beatriz: has hecho un trabajo excelente. Gracias.

En el estudio mencionado antes (Jackson), se demostró que los participantes se ponían contentos cuando recibían un correo electrónico donde se les agradecía por el trabajo realizado[4].

A la hora de dar las gracias, uno a veces no sabe quién está detrás de muchos mensajes. A veces son personas, las cuales merecen ser tratadas como personas. Pero a veces son robots y algoritmos.

----

[4] "Email – yet more stress at the office?". *Loughborough Echo*. 4 Jun 2013.

Una vez me suscribí a una agencia de noticias donde ofrecían muchos servicios. Poco después, me llegó un mensaje que incluía libro electrónico gratis.

El mensaje estaba firmado por un tal Ken, pero el estilo no me indicaba si era de carne y hueso. Lleno de desconfianza, respondí: "Hola Ken: no sé si eres un ser humano o un algoritmo. De todos modos, gracias por el libro".

Al instante, el verdadero Ken respondió: "Soy un ser humano apoyado por un algoritmo. ¡Muchas gracias!".

Fue un alivio.

Te recomiendo

Los seres humanos necesitamos una dosis diaria de agradecimiento. Eso incrementa el grado de empatía, y hace que abramos con más ganas los mensajes de la gente empática.

El tono de tus palabras

Antes de empezar mis clases de comunicación, suelo preguntar a los estudiantes qué les gustaría mejorar en su forma de escribir correos electrónicos. Siempre hay varias personas que levantan la mano para quejarse de que tienen fama de ser maleducadas o muy secas en sus mensajes. "Pero no somos así en realidad", dicen.

Eso se debe a que no saben matizar el tono de los mails.

Con "tono" me refiero a "las emociones" que nos produce un mensaje escrito. Para entenderlo mejor, hay que explicar un poco cómo actúan las palabras escritas en nuestro cerebro.

Cuando leemos, captamos una imagen de un grupo de letras sobre un papel que viajan a la parte posterior del cerebro, el occipital, que es la que reconoce las letras. De ahí, se envían a varios sitios de la región izquierda del cerebro, que regulan el significado de las palabras, la articulación y el sonido. Sí, el sonido. Eso quiere decir que cuando leemos también "escuchamos" lo que leemos.

Para que el cerebro ponga voz a las palabras le hemos tenido que engañar. A muchos les sorprenderá saber que la magia de la lectura se debe a un engaño de la mente. Nuestros cerebros no están hechos para leer. La prueba es que nuestra especie se ha pasado el 99% de sus 300.000 años de existencia sin leer. Entonces, ¿por qué leemos?

Porque nuestros circuitos neuronales se han "reciclado" para que podamos leer. Eso es lo que sostiene

Stanislas Dehaene, uno de los neurocientíficos que más sabe de este asunto[5].

El alfabeto es quizá el mejor invento de la humanidad. Hace cinco mil años, el ser humano empezó rascando tablillas de barro e imprimiendo en ellas cabezas de animales, humanos y cosas. Con el tiempo, estos pictogramas se fueron convirtiendo en cosas más rápidas de dibujar (las prisas, ya se sabe) como los signos del alfabeto. La letra A del nuestro alfabeto procede de una cabeza de buey vuelta del revés. La M es el antiguo pictograma del agua. Y así con muchas letras.

En el siglo VIII antes de Cristo, los griegos simplificaron los viejos signos en unas decenas de letras que, combinadas, servían para reproducir todos los sonidos hablados: el alfabeto.

Por eso, las palabras siguen resonando en nuestros cerebros aunque leamos en silencio en una biblioteca.

Cuando hablamos con una persona, lo hacemos empleando un "tono de voz". Si asistiéramos a una sesión de actores novicios en un escenario, veríamos cómo su maestro les hace declamar la misma frase en diferentes tonos:

---

[5] Deahene, Stanislas (2009). *Reading in the brain: the new science of how we read.* Penguin Books. USA.

cabreado, sutil, seductor, almidonado, cursi, militar, despótico, irónico, despreciable, amable, basto, crudo...

Esos tonos salen a relucir cuando escribimos un correo electrónico, que es la forma profesional más usada para comunicarnos con los demás.

Voy a poner un ejemplo. Imaginemos que nos llega este correo:

Asunto: debes enviar el presupuesto

Hola:

Necesito el presupuesto del proyecto Alfa del que hablamos hace un mes. Quiero que tú y todo tu equipo se ponga con ello. Debes calcular los gastos de la planta de México. Incluye también los gastos extraordinarios de Barcelona.

La entrega tiene que ser antes de una semana, de lo contrario sufriremos una penalización de 10.000 euros al día.

Gracias.

____

Y ahora me gustaría preguntar: ¿cómo definiríamos psicológicamente a la persona que ha enviado ese mensaje?

–Maleducada.

–Estricta.

–Impaciente.

–Directa.

–No respeta mi trabajo.

Ahora, supongamos que recibimos ese correo, escrito de esta otra forma:

––––––––––

Asunto: ¿puedes ayudarme con el presupuesto?

Hola Juan:

Necesitaría lo antes posible el presupuesto del proyecto Alfa del que hablamos hace un mes. Me encantaría que todo tu equipo se pusiera con ello. ¿Podrías calcular los gastos de la planta de México? Querría también saber los gastos extraordinarios de Barcelona.

La entrega tendría que ser antes de una semana, de lo contrario sufriríamos una penalización de 10.000 euros al día. Te agradezco de corazón tu esfuerzo.

Un abrazo y gracias por adelantado.

––––––––––

Definamos psicológicamente a esta persona:

–Amable.

–Respeta mi trabajo.

–Educada.

–No estresada.

–Paciente.

–Tranquila.

En esta segunda versión he introducido una palabra que es una de las más seductoras en cualquier idioma: corazón. Cuando pido a mis alumnos que la inserten en sus mensajes, se quedan desconcertados. Pero luego descubren múltiples formas:

–Te lo agradezco de corazón.

–Si no me lo envías, me dará un ataque al corazón.

–Gracias de todo corazón

Para seducir a los demás en un correo electrónico, hay que moldear el tono hasta encontrar las palabras adecuadas. Eso es lo que vamos a ver en los próximos capítulos.

Te recomiendo

Un grupo de ingenieros de Contactually, una plataforma de gestión de contenidos de marketing, analizó 100 millones de correos. Calificaron de gente positiva a aquellos que ponían palabras como "tener cuidado" o "estupendo", y de negativas a las que introducían palabras como "confundido" o "estúpido".

Si queremos mejorar el tono de nuestros mensajes, debemos escoger palabras que sean más acordes con un espíritu constructivo, colaborador y empático.

El condicional de cortesía

Hay una clara diferencia entre "debes" y "deberías"; "quiero" y "querría"; "hay que" y "habría que"; "tienes" y "tendrías".

En español, las desinencias "–aría" –"ería" –"iría", unidas a la raíz de cualquier verbo, son las formas en que se presenta el modo condicional. Este tiempo verbal es extraordinario para suavizar esos correos electrónicos que escribimos con prisa y sin educación.

Los ingleses lo denominan *polite conditional*, condicional de cortesía[6].

Hola Juan: necesitaría lo antes posible el presupuesto del proyecto Alfa del que hablamos hace un mes.

Cuando alguien nos envía un mail con verbos en condicional, pensamos inconscientemente que nos pide algo con educación; sin imponernlo. Revela un carácter afable, tranquilo, exquisito y, sobre todo, denota mucho respeto por nosotros. Pero en realidad, se trata de órdenes disfrazadas de cortesía:

Suave petición:

¿Podrías tener el informe para la tarde?

---

[6] En inglés no existe el tiempo condicional sino el verbo modal "would" que se antepone a otro verbo en presente.

Sutil deseo:

> ¡Me encantaría que todo tu equipo al completo se pusiera con ello!

Sugerencia delicada:

> Quizá deberías hacerte cargo del estudio.

Invitación ingeniosa:

> ¿Podrían venir a las tres a mi despacho?

Suposición o reflexión atemperada:

> Estoy de acuerdo contigo. Pero tendríamos una pequeña penalización por entregar tarde.

Se pueden suavizar mucho más las peticiones, usando el condicional de forma coloquial:

> **Sería muy bueno** que tú y tu equipo lo entregaran en una semana.

Los lingüistas afirman que se debe manejar con cuidado el condicional con los verbos "poder" y "deber" pues manifiestan cierta ironía que puede resultar molesta.

> Creo que **deberías** adelantar tu despertador para llegar antes al trabajo.

El español que se habla en España no destaca por el uso del condicional sino por el imperativo. En los bares, la gente dice "ponme un café", "dame un bocadillo", "sírveme una cerveza".

No se trata, como muchos piensan, de una falta de educación sino de un código de comunicación que no enfada a nadie, excepto a los extranjeros pues les parece hosco.

Sin embargo, dado que no podemos escuchar el tono de voz en los correos electrónicos ni ver las caras de las personas que nos escriben, esos imperativos resultan demasiado malsonantes en el lenguaje escrito. Por eso, es tan recomendable usar los condicionales para suavizar el mensaje.

Te recomiendo

–En tus correos electrónicos, no hables mal de nadie. Nunca. Primero, porque es incorrecto. Y segundo porque ese mensaje puede acabar en la bandeja de entrada de la persona que criticaste. No critiques a gente de tu departamento ni de otros departamentos. No respondas a los mails provocadores que hablan mal de otras personas o departamentos. Usa siempre un tono cortés.

–Si quieres que la otra persona ahorre tiempo, escribe en el asunto las palabras "solo para leer", o bien "tarea pendiente". Así, quien recibe el mensaje sabrá que lo segundo requiere una acción inmediata, y que debe abrir ese correo.

Atrapa con preguntas

¿Por qué las preguntas tienen tanta fuerza? ¿Se ha estudiado su impacto en el cerebro? ¿Por qué los maestros preguntan tanto? ¿Hay alguna forma de preguntar que sea más eficaz que otra? ¿Pueden las preguntas hacer que un correo electrónico se abra?

Cuando decidí redactar mi tesis doctoral, me pregunté por qué el libro de Filosofía más popular del planeta, *La república*, de Platón, estaba lleno de preguntas. ¿Era esa la causa de su éxito?

Los expertos habían estudiado a Platón desde muchos puntos de vista pero ninguno desde el punto de vista neurocientífico. ¿Qué pasa en el cerebro cuando nos hacemos preguntas?

Las preguntas segregan en el cerebro un neurotransmisor llamado dopamina que es el gatillo de la curiosidad. En cierta forma, las preguntas nos crean suspense pues necesitamos saber cuál es la respuesta.

Por ejemplo, imaginemos este texto en el "asunto":

Mira los nuevos horarios

Y ahora, este:

¿Has visto los nuevos horarios?

Uno de los males de nuestra cultura es la falta de atención y el exceso de impaciencia. Todos sufrimos de TDA

(Trastorno de Deficit de Atención) pues estamos pendientes de las pantallas pequeñas o grandes, y no prestamos atención a las cosas importantes. La técnica de la pregunta es el antídoto a ese defecto mundial. Podemos atrapar la atención humana con una buena dosis de preguntas.

Cada vez que escribas un correo electrónico, escoge una frase y trata de convertirla en pregunta. Así percibirás el cambio cognitivo y cómo atrae más la atención.

La planta de México es la más rentable.

¿Sabías que la planta de México es la más rentable?

Cuando las preguntas se refieren a seres humanos, su impacto es más profundo. Es lo que descubrió un grupo de investigadores de la Universidad de Stanford[7]. Hicieron dos preguntas a un grupo de participantes antes de la jornada electoral en la que tenían que ir a votar.

–Para ti, ¿qué importancia tiene votar?

–Para ti, ¿qué importancia tiene ser un votante?

La primera era un verbo: votar. La segunda era un sustantivo: votante.

---

[7] Bryan, Christopher J. ;Walton, Gregory M; Rogers,Todd; and Dweck, Carol S. "Motivating voter turnout by invoking the self". *PNAS* August 2, 2011 108 (31) 12653-12656

Los psicólogos cognitivos saben que los verbos tienen más fuerza que los sustantivos, y así lo he sostenido siempre (ver capítulo titulado "Abstracto y concreto"). Sin embargo, aquí hay un elemento que sobresale: la persona.

En la segunda pregunta, se valora la importancia de alguien como ser humano: como votante. Y en la primera solo es una acción.

De modo que entre una tarea (votar) y un ser humano (votante), preferimos lo segundo, y por eso la encuesta reveló que la gente estaba más inclinada a votar cuando se destacaba un rasgo: soy un votante.

Los correos electrónicos que incluyen preguntas son más efectivos que los que las ignoran. La pregunta puede aparecer en el asunto o en el texto.

Se ha descubierto que las preguntas terminan con un tono alto en todos los idiomas, y que esa es una de las razones por las que al leerlas o escucharlas (escuchamos cuando leemos), aumenta nuestra atención: excitan la dopamina.

Las preguntas pueden escribirse en listas:

- ¿Está todo listo?
- ¿Has cerrado el presupuesto?
- ¿Tienes el sitio y el lugar?
- ¿Sabías lo que nos ha costado?

O bien puede ser la interrogativa retórica:

"Me pregunto si con este presupuesto podremos hacer todo".

"Dónde vas a trabajar mejor que en esta compañía".

Te recomiendo

¿Quieres ver la prueba de cómo las preguntas nos atraen más? He empezado este párrafo con una pregunta para entrar con más fuerza. Pero también empecé este capítulo con una batería de preguntas. Léelas. Verás la fuerza que tienen desde el principio.

Ahora, trata de convertir un correo electrónico antiguo en una serie de preguntas.

Cambia tus preguntas

Cuentan que Toyota hizo la siguiente petición a los empleados: "Por favor, aporten ideas sobre cómo la empresa puede ser más productiva". Esa petición recibió muy pocas ideas.

Entonces, cambiaron la frase a: "¿Cómo puedes hacer que tu trabajo sea más fácil?". En esta ocasión, recibieron toneladas de ideas.

La diferencia es que en el primer caso se apela a los empleados en general, y en el segundo cada empleado entiende que se están preocupando personalmente por él.

Respondemos mejor a aquellas preguntas que nos invitan a implicarnos personalmente, como vimos en el capítulo anterior de las votaciones.

Si queremos atrapar la curiosidad de una persona, tenemos que hacerle las preguntas adecuadas. La pregunta es la herramienta más básica para obtener conocimiento.

El caso de Toyota demuestra que no basta con preguntar. Hay que saber preguntar. En el mundo de la ciencia, saber preguntar puede acortar la vía para encontrar la solución de un problema. Einstein solía decir que para un científico, lo importante era no dejar de hacerse preguntas. Incluso le achacan esta frase:

> "Si yo tuviera una hora para resolver un problema y mi vida dependiera de la solución, gastaría los primeros 55 minutos para determinar la pregunta apropiada, porque una vez

supiera la pregunta correcta podría resolver el problema en menos de cinco minutos".

Si preguntar funciona en algo tan complejo como la ciencia, debería funcionar en algo tan simple como en los correos electrónicos. Poner una pregunta en el asunto o en el texto puede aumentar el ratio de lecturas.

Por ejemplo, después de enviar un informe, tiene poca eficacia escribir al final:

Para cualquier pregunta,
estoy a tu disposición

En cambio, tiene mucha eficacia, una petición escrita de esta forma:

Me gustaría que me hicieras
dos preguntas que se te ocurran

En la primera, no muestras interés por su opinión personal, como Toyota lo hacía con sus empleados. En la segunda, es todo lo contrario.

Eso nos permite hablar de las difererncias entre preguntas abiertas y cerradas. Se emplean en los exámenes y en los test. Una pregunta cerrada, es aquella que solo requiere como respuesta un Sí o un No. Se emplea mucho en los correos:

Tú: **¿Podrás venir al evento?**

Él/Ella: **Sí.**

En cambio, las preguntas abiertas son aquellas en las que hay que desarrollar un razonamiento.

Para evocar una respuesta elocuente, hay que introducir alguna palabra que refleje la parte emocional del ser humano. En el caso siguiente, podríamos emplear el verbo "creer", pero más potente es "sentir".

**¿Hasta qué punto te sientes
preparada para
aceptar este reto?**

**¿Te sientes capaz de realizarlo
en un plazo breve?**

**¿Sientes que estoy
planteando algo exagerado?**

Se puede alterar la sintaxis de una pregunta y darle un empujón. Supongamos que recibimos un correo, y al final nos dicen esto:

¿Tienes alguna pregunta?

Ahora imaginemos que nos la formulan así:

¿Qué preguntas tienes para mí?

La diferencia es que en la primera versión, no sabemos si la otra persona que nos escribe quiere conocer nuestras dudas. Y en la segunda versión, la otra persona sí se muestra muy interesada por nuestra opinión en forma de preguntas. Por eso, termina diciendo "para mí". A esta persona, sí le responderemos.

Se puede añadir un grado más si escribimos:

Espero con interés tus preguntas.

Las preguntas retóricas solo obligan a leer, no a responder.

Al final, tras leer este documento, solo se me ocurre esto: ¿quién puede tener la solución?

Te recomiendo

Una de las preguntas que más ayuda a aclarar una confusión o exponer un escenario, es la que se redacta así. "¿Qué pasaría si…?".

Los grandes científicos son amantes de las preguntas de ese tipo. Mejor dicho, de las preguntas bien hechas. Hacer preguntas es un arte difícil porque no consiste en poner una frase entre signos de interrogación, sino en enunciar la pregunta exacta para llegar a la solución correcta.

Cómo seducir al inconsciente

Los neurocientíficos han escrito mucho sobre el impacto de las palabras en la mente humana. Una frase bien redactada puede despertar la curiosidad.

Por ejemplo, imaginemos que alguien nos envía un mail que dice:

–Creo que esto te va a gustar

–Esto es un reto para ti

Casi seguro que seguiremos leyendo porque ha despertado nuestra curiosidad. ¿Será esto de nuestro gusto? ¿Seremos capaces de hacerlo?

El libro *What exactly to say* (Qué decir exactamente) de Phil M. Jones, revela una serie de palabras que, como dice el subtítulo, "influyen e impactan de forma mágica en la mente".

Phil M. Jones no es un neurocientífico sino un experto en ventas. Aunque el libro está escrito con ese tono comercial tan en boga en Estados Unidos que promete fórmulas mágicas, acierta en exponer ciertas combinaciones de palabras eficaces para seducir o, al menos, para influir o atraer la atención.

En algo en lo que estoy de acuerdo es que las personas que hablan con un espíritu optimista y confían en las habilidades de los demás pueden obtener mejores resultados.

Si alguien cuestiona su capacidad de hacer algo, tú puedes responder con: "Mira, la buena noticia es que tenemos docenas de personas que estaban exactamente en la misma situación que tú cuando comenzaron, y han logrado tener éxito y además están aquí para apoyarte"[8].

Escribirle a alguien sobre un problema, y usar frases como "La buena noticia es…", "La parte positiva" o "Míralo de otro modo…", le ayuda a salir de los atascos, y a que nos perciba como personas generosas.

En muchos mensajes profesionales, de proveedor a cliente, de jefe a subordinado o de colega a colega, se cuelan cadenas de problemas que se van pasando unos a otros. En la mayoría de los correos electrónicos cabalgan problemas de un sitio a otro: tareas, atascos, preguntas, dudas, excusas, malentendidos, culpas y molestias.

Quien tenga la llave para influir en el inconsciente de los demás de forma positiva, limpiará esa energía tóxica que abarrrota nuestra bandeja de entrada.

Por ejemplo, dice Jones, cuando alguien se resista a hacer una tarea y ponga un montón de excusas esperando que nos echemos para atrás, lo mejor es responder:

**Estupendo, eso quiere decir
que estábamos haciendo las
cosas mal y te has dado cuenta.**

---

[8] Jones, Phil M. *Exactly What to Say: The Magic Words for Influence and Impact.* (p. 78). Box of Tricks Publishing. Edición de Kindle.

Así lograremos cambiar el punto de vista de esa persona que esperaba iniciar una discusión.

Cuando escribimos correos electrónicos, la mayoría de nosotros está a la defensiva o a la ofensiva. Necesitamos gente optimista y afable que transforme nuestra actitud, dándonos además la confianza de que podemos encontrar soluciones.

A veces los proyectos se atascan. Nadie quiere tomar decisiones. En ese caso, hay que tomar la iniciativa y liderar la conversación. Jones propone otras de sus palabras mágicas que empiezan por:

Lo que vamos a hacer ahora es…

Con ello se refiere a "crear un escenario", es decir, una teatralización visual de los pasos que hay que seguir. La idea es que la otra persona no sienta que le estamos pidiendo cosas, sino que vea que estamos dispuestos a ayudarla, ofreciéndole toda la información posible, en tiempo corto, y que así podrá completar su tarea[9].

El libro de Jones está muy dirigido al mundo de las ventas y a convencer en vivo y en directo a clientes desconfiados, como si estuviéramos vendiendo un collar o un vehículo.

---

[9] Jones dice en inglés "What happens next", que traducido es "Lo que va a suceder ahora es que…". Pero esa frase en español es algo temeraria. Por eso la traduzco como "Lo que vamos a hacer ahora", ya que suena más cortés y además aporta el sentido de equipo y de ayuda.

No es mi interés dar lecciones a vendedores porque yo no lo soy. Pero pienso que, al tratarse de un diálogo entre dos personas, se pueden aprovechar muchos de sus consejos en el ámbito de la comunicación escrita.

Te recomiendo

Si quieres ser más eficiente en tus correos electrónicos trata de escribir siempre con un ánimo constructivo y afable. Y si es posible, hasta esbozando una sonrisa mientras escribes.

Elaborar tu propio diccionario de Palabras Mágicas.

Convierte negaciones en afirmaciones

No, no y no.

Los psicólogos cognitivos han estudiado mucho las negaciones para llegar a una conclusión: son negativas.

Este juego de palabras lo empleo para convencer a la gente de que traten de evitar en lo posible escribir con negaciones o verbos de negación como renegar, rechazar, anular, suspender…

¿Cómo escribir sin negaciones y decir lo mismo?

Este es un mail lleno de negaciones.

____

Hola Juan:

No he podido hacer todavía el documento porque **no** tengo los materiales y **no** he tenido mucho tiempo.

No es que **no** quiera hacerlo, sino que **no** me he sentido con la confianza necesaria para elaborarlo. Espero **no** molestarte más.

Un abrazo.

Blas

____

Y a continuación, uno que dice lo mismo pero sin negaciones:

––––––––––

Hola Juan:

Estoy pendiente de terminar el documento. Solo espero los materiales y voy a sacar tiempo de donde sea.

Tengo ganas de darle punto final, a pesar de que a veces me falla la confianza necesaria pues me pregunto si soy la persona adecuada.

Espero contar con tu apoyo. Un abrazo.

Blas.

––––––––––

En el primer caso, la persona que escribe así con tantas negaciones da la impresión de no tener ganas de trabajar, de poner excusas y de ser poco dinámica. En el segundo caso, diciendo lo mismo, refleja un espíritu animado, social, cooperativo y bien dispuesto. Es una persona empática.

Te recomiendo

Las negaciones impregnan los correos de un aire sombrío. Salvo que sean necesarias, trata de evitarlas.

Da el tono con ¡exclamaciones!

Unos científicos hicieron escuchar a un grupo de personas la expresión "Bon jour" (hola) en dos tonos: el primero, terminaba en tono descendente; y el segundo, en tono ascendente[10].

Luego se les pidió que calificaran emocionalmente ese saludo: resultó que el primer "hola" les parecía reflejar una actitud dominante y negativa; y el segundo "hola" les parecía provenir de una persona digna de confianza (*trustworthiness*) y era un signo positivo.

Para reproducir ese experimento voy a encerrar ciertas palabras de despedida entre exclamaciones.

Saludos

Ahora con exclamación:

¡Saludos!

También lo podemos emplear con agradecimientos:

Gracias

O bien:

---

[10] Ponsot, Emmanuel; Burred, Juan José; Belin, Pascal; y Aucouturier, Jean-Julien. "Cracking the social code of speech prosody using reverse correlation". PNAS. 26 Marzo, 2018.

¡Gracias!

Y aunque no sea gramaticalmente correcto, podemos añadir más signos:

¡¡¡Gracias!!!

Nunca pensé que los signos de exclamación pudieran cambiar tanto el sentido emocional de una palabra. Un día se me ocurrió pedirles a mis alumnos que leyeran las dos formas de decir "gracias" o "saludos", primero sin exclamaciones, y luego con ellas.

En todos los casos, los mismos alumnos se sorprendían de ver cómo su cerebro les obligaba a pronunciar las exclamaciones en un tono ascendente, cercano y empático.

"El primero, sin exclamaciones, suena muy protocolario. Como si esa persona quisiera despedirse o dar las gracias por obligación. El segundo tono es mucho más amigable", decían.

Puesto que yo suelo usar las exclamaciones en mis despedidas escritas, un día empezaron a aparecer automáticamente en mis mensajes de respuesta esas exclamaciones. Eso se debe a que en Gmail, hay una función que memoriza mi forma de despedirme. Se llama Smart Reply o Respuestas Inteligentes.

Antes de enviar mis respuestas, me da a escoger varias palabras familiares para ahorrarme tiempo. Solo tengo que pinchar en la palabra.

¡Gracias!   ¡Hecho!   ¡Genial!

Tambión incluye respuestas típicas de nuestro lenguaje personal como "¿Qué te parece?", "¿Te gusta?", "OK", o las palabras que solemos emplear con cada uno de los remitentes.

Es decir, si nuestras respuestas a determinadas personas son sin exclamaciones y más formales, saldrán así en la función Respuesta Inteligente a esa persona. "De acuerdo", "Muchas gracias", "Entendido".

Te recomiendo

Smart Reply es una función basada en la Inteligencia Artificial. Si no está activada automáticamente, se puede activar abriendo el correo en Gmail en un teléfono móvil, y en la columna izquierda de nuestros temas, abajo, hay un icono en forma de rueda dentada (o hamburguesa) que dice "ajustes".

Ahí hay que buscar nuestra cuenta, y pinchar sobre ella. En la lista aparece "Respuesta Inteligente" y un botón de activación. Por ahora, hay que hacerlo cuenta por cuenta y en teléfonos inteligentes iPhone o cualquiera del sistema Android.

Abstracto y concreto: la fuerza visual

Durante muchos años me he esforzado en enseñar que los verbos tienen más fuerza que los sustantivos, y que las palabras concretas son más imaginables que las abstractas. Suelo emplear ejercicios de pensamiento visual para demostrar que si escribo "gato" todos los lectores se imaginan al animal,

pero si escribo "estructura", cada lector se imagina algo diferente (si es que se imaginan algo).

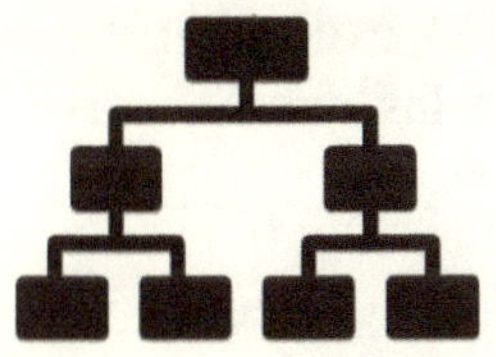

Voy a decirlo al revés: si expongo estos dos dibujos y pido a alguien que los identifique, dirá "gato" al primero. Pero al segundo lo puede llamar cualquier cosa.

De la misma manera si escribo "la **exposición** de pinturas del pintor", tiene menos fuerza que si escribo "el pintor **expuso** sus pinturas". El verbo "exponer" es más potente que el sustantivo "exposición".

Daría un brazo entero, pensaba yo, si algún científico hubiera hecho experimentos con escáneres que demostrasen la fuerza de ciertas palabras sobre otras en el cerebro.

Un día encontré lo que buscaba. Una científica británica y un científico alemán se habían unido para realizar el experimento que yo deseaba[11]. Reunieron a 18 personas monolingües de inglés, con una edad media de 29 años, y les sometieron a un test. Consistía en hacerles leer una batería de palabras: concretas y abstractas; sustantivos y verbos.

Encontraron que el cerebro se estimulaba más con palabras concretas (ratón queso, pala), que con abstractas (indicio, chiste, tregua).

También hallaron que las imágenes cerebrales resaltaban más cuando aparecían verbos concretos (patinar, masticar, pelar), que con los verbos abstractos (perturbar, permanecer, extraer).

De paso, los verbos de acción estimulan mucho las áreas llamadas sensorimotoras: son las que se activan para asegurar la supervivencia humana.

¿Y esto qué tiene que ver con los correos?

---

[11] Moseley, Rachel L y Pulvermüller, Friedemann. "Nouns, verbs, objects, actions, and abstractions: Local fMRI activity indexes semantics, not lexical categories". *Brain and Language*. 2014 May; 132(100): 28–42.

Muy sencillo: al leer, nuestro cerebro recibe más estímulos con palabras "visuales" (concretas), y con verbos de acción. Si rellenamos nuestros correos con palabras abstractas como función, estructura, sistema, proceso… o con verbos, pasivos, (optimizar, implementar, procesar) disminuyen las posibilidades de estimular el cerebro de la persona que recibe ese texto. La aburrimos.

Aunque no soy científico, he tenido la oportunidad de realizar pruebas similares en miles de personas a lo largo de muchos años. Les pido que hagan garabatos en un folio (pidiéndoles que dibujen como cuando eran niños), palabras abstractas y concretas, verbos y sustantivos.

El resultado es el mismo: todos dibujan de la misma forma las palabras concretas. En cambio, las abstractas las ilustran cada uno a su modo. Cuando una persona que ha estado fuera del aula, es invitada a entrar, adivina el 90% de las palabras concretas porque son visuales. De las abstractas, no acierta casi ninguna.

Te recomiendo

Toma un folio de papel y dibuja las palabras que he mencionado arriba. Primero gato, pala y ratón. Luego, optimización, sistematizar y procesar. A continuación, muestra ese folio a una persona y pídele que identifique cada una. Te sorprenderá. Además, cuantos más verbos de acción utilices, se entenderá mejor el texto de tu mensaje.

Hilos, enlaces y archivos

Los hilos representan uno de los mayores líos que se pueden formar en los correos electrónicos. Una persona envía un mensaje a varios destinatarios (con copia), y estos responden y van sumando mensajes al original. En los foros de internet son muy populares, pero en la comunicación profesional son un lío: se van acumulando y al final nadie sabe de qué se estaba hablando. Encontrar un mensaje en concreto es aún más difícil.

Si alguien quiere hablar de tres proyectos diferentes, tienes que hacer tres mensajes diferentes con tres "asuntos" diferenciados. Uno por proyecto. Así no se mezclan.

Proyecto Alfa

Reunión con equipo

Fiesta de fin de año

En segundo lugar, si el hilo se hace muy largo, la persona que envió el mensaje original debe crear otro nuevo y poner en el asunto un código, letra o número después del asunto. Por ejemplo

Proyecto Alfa Hilo 1

Proyecto Alfa Hilo 2

Proyecto Alfa Hilo 3

El problema es que para encontrar algo en concreto, digamos un mensaje de alguien, hay que ir saltando de hilo en hilo hasta dar con el mensaje buscado.

Eso no pasa si todos los mensajes se acumulan en el hilo original y no se sale de él. Pero tiene el inconveniente de que se hace demasiado largo.

Los hilos tienen ciertas normas de cortesía:

–Trata de ajustarte al tema principal y no te salgas del mismo porque vas a confundir a la gente.

–Trata de quitar logos, imágenes o las partes inncesarias porque así escribirás correos limpios, y no abarrotarás las bandejas de entrada de la gente.

–Ten cuidado si es una conversación privada o pública entre varias personas. No copies direcciones personales a otras personas (ver apartado final sobre la seguridad).

–Menciona a una persona si es nueva en el hilo y la has incorporado.

–No abuses del comando de "responder a todos" a menos que sea necesario. Así no abarrotaremos las bandejas de entrada de otras personas.

–Empieza leyendo el último mensaje. Es muy posible que el problema se haya resuelto así que no tienes que leerte todos los mensajes.

Sobre los enlaces, lo ideal es que envíes un correo con el enlace deseado, pero copia y pega parte del texto de ese enlace que quieres resaltar. Así haces ganar tiempo a la otra persona.

Voy a poner un ejemplo:

Hola amigos: el gobierno aumenta las multas a las empresas por fallos de seguridad. Envío el enlace y un extracto.

https://www.lainformacion.com/economia-negocios-y-finanzas/industria-multiplica-160-sanciones-empresas-fallos-seguridad/6458044

Extracto: Según explica el texto del decreto, publicado en el Boletín Oficial del Estado este sábado, "para determinar la cuantía de las sanciones se tendrán en cuenta" hasta siete circunstancias distintas. En la norma de hace 26 años tan solo se incorporaban cinco, que repiten ahora tal cual. Pero se añaden dos nuevas, que consisten en "el número de productos puestos en el mercado objeto de la infracción" y "el volumen de facturación de la entidad, incluido el grupo al que pertenezca".

———————

Por último, cuando envías archivos pesados, los servidores de los correos electrónicos imponen un límite de capacidad y los bloquean. Para enviar archivos pesados, lo mejor es hacerlo a través de otros servidores. Gmail, por ejemplo, no suele dejar que pasen de 25 megas. Pero Google ofrece hacerlo a través de Drive, lo cual indica automáticamente al interesado.

Otro muy bueno es WeTransfer. Es una web que tiene una parte gratuita y otra de pago. Si son archivos que pesan menos de 2 gigabytes, puedes enviar gratuitamente todos los que quieras hasta ese límite.

Y también puedes enviar esos archivos por WeTransfer a 20 personas a la vez.

Te recomiendo

Los teléfonos móviles con sistema IOS (Apple iPhone), organizan los hilos bastante bien. Hay que ir a "ajustes", y luego a "Correo". En la parte de abajo se despliegan varias posibilidades donde dice "Hilos".

Puedes organizar por "hilos", contraer o no el mensaje leído, poner el mensaje más reciente arriba (ganas tiempo) o mostrar los hilos completos.

En los teléfonos con sistema Android hay que hacer lo siguiente:

–Abre Gmail y haz clic en el icono de tres líneas a la izquierda en la bandeja de entrada.

–Selecciona la carpeta que dice "Ajustes", y luego "Ajustes generales".

–Marca la casilla junto a "Vista de conversación".

–Cuando vuelvas a tu correo electrónico, verás tus conversaciones de correo electrónico organizadas por hilos.

Los listículos en los mensajes

Nuestro sistema digestivo digiere mejor las cosas troceadas. Y el cerebro humano también digiere mejor las cosas troceadas. El siguiente correo electrónico es ilegible.

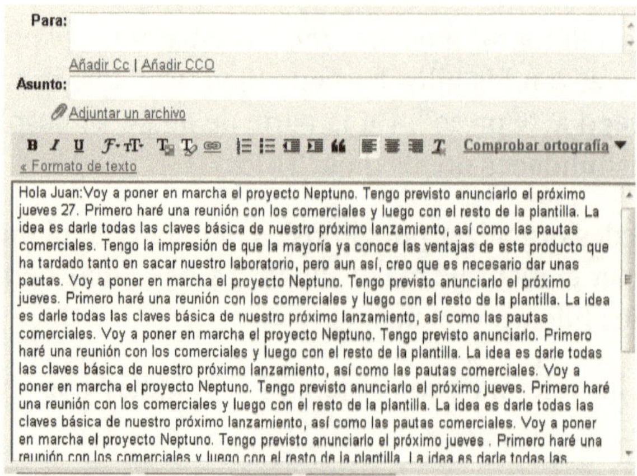

Voy a explicarlo mejor. El mensaje que viene a continuación está escrito en un solo bloque de texto.

Hola Manuel:

Me gustaría que leyeses el informe que te adjunto y que me respondieses cuántas personas necesitamos para realizar esa tarea, así como el tiempo requerido, la inversión necesaria y además, ponme las fechas ideales para empezar.

Gracias

Ahora en trozos.

Hola Manuel:

Me gustaría que leyeses el informe que te adjunto y que me respondieses:

1. Cuántas personas necesitamos.

2. Tiempo requerido.

3. La inversión necesaria.

4. Fechas ideales para empezar.

Gracias

Salta a la vista que el segundo mensaje es más digerible. No digo que sea semánticamente más claro, sino cognitivamente más claro.

Aunque lo desconozcamos, muchos de nosotros escribimos automáticamente en trozos. Escribimos listas (o bullet points).

Esta técnica tiene más ventajas de las que parece. Al consultar el teléfono móvil, es más fácil leer las instrucciones concretas divididas en puntos, que tragarse un texto apretado. Muchas veces, hacemos esas consultas de modo urgente, en el metro o en taxi, y necesitamos ganar tiempo. La segunda versión va al grano.

Los periodistas usan esta técnica para relatar algunas historias. Se llaman listículos (o artículos de listas), y seducen al lector porque le aseguran no hacerle perder el tiempo, e ir al grano.

Siete datos para explicar las elecciones de EEUU

12 recetas para hacer un mojito

18 argumentos para aceptar el cambio climático

Cinco estilos de dirección que nunca fallan

Esta técnica se ha hecho muy popular porque el lector actual es impaciente y presta poca atención.

Te recomiendo

Si tienes que escribir un correo electrónico con muchas instrucciones, trata de hacerlo en listas. Pero además, traza un límite físico: es decir, cada punto no debe pasar de una línea. Verás que ganas tiempo. Te lo agradecerán

Los correos electrónicos tienen unos botones que permiten hacer listas: por números, por viñetas, por guiones…

Comienza con el problema

El 80% de los correos electrónicos de empresa o profesionales tratan de una sola cosa: un problema.

Por desgracia, la gente hace perder el tiempo a los demás pues en lugar de exponer el problema desde la primera línea, prefieren hablar del contexto o de la situación.

Si vamos a enviar un mensaje, y queremos que la otra persona entienda rápidamente qué es lo importante, hay que seguir la siguiente estructura:

1. El problema: qué ha pasado.
2. La causa: qué lo originó.
3. La solución: que proponemos.
4. La amenaza: qué pasará si no se soluciona.

Solemos tropezar en el segundo punto pues en lugar de exponer la causa original –el origen–, presentamos consecuencias intermedias.

Imaginemos que se ha inundado de agua la sala de computadoras de la empresa.

1. Problema: se inundó la sala de computadoras.
2. La causa: hay un agujero enorme en el techo.
3. La solución: tapar el agujero.
4. La amenaza: si no lo hacemos, se estropearán las computadoras.

Todos los puntos son correctos excepto el punto número 2 puesto que el origen no es un agujero en el techo, sino algo que ha provocado ese agujero.

Para hallar la causa, hay que aplicar el método Toyota de las cinco preguntas "Por qué".

¿Por qué hay un agujero en el techo?

Porque una cañería se ha roto,

¿Por qué se ha roto?

Porque era defectuosa y no se reparó.

¿Por qué no se reparó?

Porque 'fontanería' no sabía que estaba defectuosa.

¿Por qué no lo sabía?

Porque carece de una máquina detectora de cañerías.

¿Por qué se carece de esa máquina?

Porque es muy cara.

Solución: hay que comprar máquinas para detectar cañerías defectuosas pues de otro modo habrá más inundaciones.

Los correos electrónicos que hablan sobre problemas, deberían seguir las siguientes condiciones:

–Cada oración no debe tener más de 15 palabras.

–Hay que escribir el texto con listas de puntos.

–Lo ideal es que haya pocas palabras de más de tres sílabas.

Te recomiendo

Explica el problema en la primera línea. Pon el contexto al final. De este modo te aseguras de que la otra persona lea lo más importante del correo al principio. Lo importante debe estar en el primer tercio del mensaje.

Los emojis nos animan

En el mundo profesional, no se suelen usar los emoticonos o los emojis porque parecen poco serios.

Sin embargo, yo creo que tienen una fuerza expresiva extraordinaria. Especialmente las imágenes que imitan emociones humanas como alegría o tristeza,

o gestos personales que todos usamos como aplaudir o decir "correcto" con el dedo pulgar hacia arriba.

Gmail, Yahoo! y Hotmail han ido acrecentando su catálogo de emojis e imágenes. Outlook de Microsoft, que es el más usado en el mundo profesional, se ha resistido a incluir directamente las imágenes. Se podía jugar con los emoticonos básicos como puntos, comas y paréntesis ;) para expresar gestos básicos, y llegó un momento en que los convertía en los célebres smileys o iconos sonrientes que todos conocemos.

Desde 2016, Outlook ya permite descargarse hasta 1.000 emojis en las últimas versiones de Windows.

Los emojis pueden suavizar o matizar las frases hasta un nivel sorprendente. Son especialmente buenos para evitar los malentendidos.

Imaginemos esta frase:

Ahora no puedo responderte. Estoy muy atareado.

Ese mensaje da la impresión de que está escrito por una persona antipática.

Pero ahora viene esta versión.

Ahora no puedo responderte. Estoy muy atareado.

La otra persona piensa que estamos preocupados por no haber podido responder con diligencia.

Otro caso.

Juan, es la tercera vez que te envío este informe. ¿Es que no abres mis mensajes?

La persona que reciba ese mensaje, piensa que estamos muy enfadados. Ahora, añadamos un emoji:

Juan, es la tercera vez que te envío este informe. ¿Es que no abres mis mensajes?

Imaginemos este otro caso.

El correo que me acabas de enviar me ha molestado.

Ahora, con una imagen:

El correo que me acabas de enviar me ha molestado.

La gran ventaja de las imágenes faciales es que transmiten emociones. Los correos electrónicos son textos que no podemos escuchar. Los emojis y las imágenes les dan el tono (como vimos con las interjecciones en otro capítulo). Modulan el contenido del mensaje para que no parezca tan frío o maleducado.

Te recomiendo

Todos debemos saber a quién adjuntamos emojis. Depende de la confianza que tengamos con la otra persona. No se deben usar cuando se trata de cosas serias como: "Estás despedido".

Las plantillas de marketing

Una de las cosas más fastidiosas de leer en esta vida es un montón de correos electrónicos acumulados. El tamaño de la letra es pequeño (salvo que lo cambiemos en la Configuración), las líneas se alargan hacia la derecha, hay frases subayadas y otras en negritas, a veces aparecen mayúsculas, y en la parte de abajo salen logotipos, palabras de colores y números.

Es un pequeño caos.

Los especialistas de marketing se dieron cuenta de esos defectos, y por eso crearon plantillas para hacer los correos electrónicos más vistosos y agradables. Aunque ya he dicho que esta guía no está escrita para un especialista en marketing, confieso que tengo mucho que aprender de sus técnicas de diseñar correos electrónicos. Su lema sería: "Si quieres vender, tienes que saber cómo diseñar correos electrónicos para atrapar la atención".

Lo que nos interesa aquí es copiar sus ideas. Es decir, si detrás de esos diseños están los directores de marketing, es porque saben qué funciona en los correos electrónicos.

¿Cómo diseñan sus mensajes para que luzcan tan bonitos?

Las plantillas de marketing usan un cuerpo de letra más grande de lo habitual, con familias de letras elegantes, pocos o ningún subrayado, algunos colores, escasos párrafos (bien separados y cortos), y todo aparece a la vista muy ordenado y limpio

Son plantillas que se pueden obtener gratuitamente en internet. Si escribimos "plantillas mail marketing" (o en inglés, "email marketing templates") nos saldrán montones de sitios que los ofrecen gratis o por modestas cantidades. Mailchimp, Zurb, Litmus, Email on Acid, Pure360…

Las plantillas se adaptan a cualquier pantalla (móvil, tableta u ordenador de sobremesa). Admiten imágenes. En resumen, son como pequeños anuncios.

Te recomiendo

Las plantillas de marketing son muy bonitas pero los sistemas de detección de las plataformas como Gmail, Yahoo! u Hotmail las pueden clasificar como "correo malicioso" precisamente por sus diseños. Y las envían a la papelera.

Los consejos de Mailchimp para escribir correos eficaces coinciden con algunos consejos de este libro. "La personalización ha demostrado mejorar las tasas de apertura en la mayoría de usuarios", dice su manual de instrucciones. Es decir, escribir a María, Juan, Carlos, Estela…

El tamaño de la letra

En los correos electrónicos profesionales aceptamos el diseño por defecto (*by default*) puesto que ya está preconfigurado. Pero, ¿por qué no aumentar el tamaño de la letra?

Este sería el tamaño de un mensaje normal.

Hola, Antonio: gracias por enviarme el libro. Le he echado un vistazo y me ha impresionado la cantidad de información que tiene y el esfuerzo.

Enhorabuena. Espero que tengas mucho éxito.

Un fuerte abrazo

Pero en el botón de Configuración se puede aumentar el tamaño de la letra. Se lee mejor.

Hola, Antonio: gracias por enviarme el libro. Le he echado un vistazo y me ha impresionado la cantidad de información que tiene y el esfuerzo.

Enhorabuena. Espero que tengas mucho éxito.

Un fuerte abrazo

Como hemos visto, una de las ventajas de las plantillas de marketing es que su diseño es agradable a la vista y fácil de leer. El truco es el fondo de color, el espacio entre párrafos pero, sobre todo, el tamaño de la letra.

Ahora bien, subir el tamaño de la letra no significa escribir con mayúsculas. Eso es otra cosa.

Salvo excepciones, no se recomienda usar mayúsculas porque producen un efecto sonoro. ¿Sonoro?

SI ESCRIBES CON MAYÚSCULAS

PARECE QUE GRITAS

Puede ser sumamente molesto y podría provocar una respuesta no deseada en forma de correos impertinentes.

Tampoco es recomendable enviar muchos textos subrayados porque causan la impresión de suciedad.

Te recomiendo

A medida que nos hacemos mayores, nuestra visión empeora. Tenemos que usar gafas o lentes. Para hacer más agradable la lectura, hay que ayudar a los demás subiendo el cuerpo de letra de los correos electrónicos.

No abuses de las negritas porque ensucian mucho el texto del mensaje.

<u>Tampoco abuses de los textos subrayados.</u>

Cómo Gmail detecta el spam

Cada día, nos entran muchos mensajes que de inmediato son enviados al fichero de correo sospechoso o spam. La inmensa mayoría son mensajes de marketing incitándonos a comprar algo o para que nos abonemos a un servicio.

Gmail, por ejemplo, emplea un algoritmo que detecta esa clase de correos comerciales. Ese algoritmo está basado en muchos factores, y el principal es la verificación de ciertas palabras que le "suenan" sospechosas y que podemos adivinar: dinero, millones, ganar, suscríbete, crédito, descuento, dinero…

También detecta los diseños bonitos realizados con plantillas de marketing de las cuales he hablado en otros capítulos. Los textos sospechosos suelen ofrecer imágenes llamativas, subtítulos hermosos y botones de "pincha aquí" o llamadas a la acción (Call to Action). Es una lástima porque el diseño es claro y cognitivamente agradable, pero para el mundo profesional, son una molestia.

Para evitar que su correo sea considerado "sospechoso", los expertos en marketing han dado un paso más y diseñan a propósito mensajes feos. Con feo quiero decir, sin plantillas especiales: texto simple como cualquier correo de intercambio profesional, enlaces a una página de empresa, pocas imágenes y un saludo que parezca personal como "Hola, Carmen". Es decir, tratan de parecer mensajes normales y corrientes.

Para superar esa barrera, el algoritmo de Google se va perfeccionando con los años, y ahora detecta incluso las incorrecciones gramaticales, o ciertas construcciones sintácticas que habitualmente usan los mensajes de marketing.

Hay, además, que mirar la carpeta de spam antes de que el sistema los borre automáticamente. A veces, las plataformas de correos electrónicos archivan como *spam* mensajes que no son maliciosos. Por eso, te recomiendo que cada semana mires esa carpeta para ver si hay allí mensajes normales y corrientes. Así, podrás responder a tiempo.

Una vez borré esa carpeta justo un segundo antes de ver un mensaje que decía: "Carlos, queremos que des clase en nuestra universidad". Nunca supe qué universidad. Perdí una oportunidad laboral.

Te recomiendo

Si quieres asegurar que tu correo no entre en la carpeta de spam, haz una prueba en una web llamada Mail Tester. Escribe tu texto y envíalo a la dirección que te indica la página web de Mail Tester. Luego, vuelves a la página web y pincha en el botón de verificación. Ahí saldrá una valoración de 0 a 10 de tu correo y algunos comentarios que te pueden ayudar.

Escribir enfadado es peor

Cuando estamos enfadados respondemos los correos con más rapidez. Y metemos la pata con más rapidez.

Un grupo de ingenieros de un portal de gestión de clientes analizó unos 100 millones de correos electrónicos. Identificaron palabras relacionadas con el mal humor, y luego vieron la velocidad de respuestas.

Las personas malhumoradas tienden a responder con más rapidez los correos electrónicos. Y las personas de buen humor se lo pensaban más y dilataban su respuesta.

Los ingenieros no midieron cuál era el resultado de responder con amargura un correo electrónico, pero es fácil de imaginar: producirían malhumor en la otra persona.

Suele haber una estrecha relación entre estado de ánimo malhumorado o amargado, y redacción provocadora y maleducada. Es inevitable que de vez en cuando se nos escape un mensaje inadecuado.

Estos mensajes son la causa de la mayor parte de los problemas de comunicación en las empresas. Algunas veces es por descuido, pero muchas otras es porque nuestro ánimo dicta el contenido de los correos. El resultado es que el ambiente en la empresa empeora.

Cuando descubramos, aunque sea tarde, que de nuestras manos han salido esos mensajes negativos, hay que enviar otro mensaje pidiendo disculpas, y agradeciendo la comprensión de la otra persona.

____

Hola Natalia:

Perdona por el mail que te envié. Estaba muy preocupado por otros asuntos y mi estado de ánimo no era el mejor.

A veces uno mete la pata sin darse cuenta.

Te pido mil disculpas.

¡Un abrazo!

____

Te recomiendo

Revisa el tono de tus correos de la siguiente forma: trata de pensar qué entenderías si tú fueras la persona que recibiera ese correo. Entonces, corregirás los defectos a tiempo.

Riesgos del teléfono

Una vez recibí el correo electrónico de una mujer que se presentaba como la responsable de una empresa de comunicación. Trataba de venderme algo. Le respondí desde mi ordenador que no me interesaba, puesto que yo también daba clases de comunicación.

Al parecer, no recibió esa respuesta e insistió semanas después con el mismo mensaje.

Entonces le respondí. "Hola. Te respondí hace tiempo. No me interesa. Gracias".

Ella escribió: "Lo siento, Carlos. Feliz viernes".

Seguro que pensó que yo era un maleducado. Y tras releer mi respuesta, yo mismo me di cuenta de que parecía muy brusco. Tuve que abrir mi ordenador y pedirle perdón.

Eso me sucedió porque la segunda vez le respondí desde mi teléfono móvil. Por muy grandes que sean las pantallas de los teléfonos inteligentes (cada vez más, quién lo iba a decir), los teclados son incómodos. Además, el hecho de responder a través de un celular indica que estamos en ruta hacia algún sitio, sin un ordenador a mano, y sin la posibiliad de expresarnos bien y a fondo. Tenemos prisa.

Por eso, hay que tomar precauciones cuando se trata de escribir por móvil: escoger mejor las palabras. Puesto que estamos constreñidos a escribir menos, para ahorrar tiempo, hay que hacerlo con palabras mágicas que denoten amabilidad: los condicionales, los agradecimientos, las preguntas de cortesía…

Todo lo que he explicado en los primeros capítulos.

Te recomiendo

Trata de buscar una cadena de palabras con la que te sientas a gusto. "Gracias por tu amable mensaje, pero ahora…". Usa esa cadena siempre que tengas que responder de forma rápida. Así te evitarás los malentendidos.

Cómo escribir mensajes cortos

Esto va a sonar un poco repetitivo pero es necesario decirlo:

–Palabras cortas.

–Frases cortas.

–Párrafos cortos.

Veamos este ejemplo:

____

Hola María:

Algunos especialistas de esta empresa perseveran en culpabilizar a los informáticos de nuestra grave coyuntura crítica, y manifiestan que el despropósito aconteció cuando sobrevino la migración de los contenidos. Nos recomiendan una solución extraordinaria como, por ejemplo, la posibilidad de romper con las reglamentaciones internas en cuanto a seguridad, y también aconsejan la posibilidad de recuperar los viejos archivos. Eso devolvería a los empleados la tranquilidad de volver al sistema que todos conocían. Algunos especialistas opinamos que se puede solucionar con más simplicidad puesto que no hay necesidad de volver a la vieja estructura, ya que solo basta con dotar al nuevo de mayor accesibilidad.
Gracias.

Ahora, hagamos una reducción de cabezas:

Hola María:

Algunos expertos de esta empresa insisten en culpar a los informáticos de nuestra crisis. Afirman que el error nació cuando migramos los contenidos.

Nos proponen una solución nueva como romper con las reglas internas de seguridad. También proponen recuperar los viejos archivos.

Eso daría a los empleados la paz de volver al sistema que conocían.

Algunos expertos creemos que se puede resolver con más simpleza. No hay por qué volver al viejo sistema. Basta con hacer el nuevo mucho más fácil.

Gracias.

En el primero hay 103 palabras y 611 caracteres sin espacios.

En el segundo hay 85 palabras y 412 caracteres.

En primero hay un solo párrafo de texto principal (quitando saludo y despedida), y está compuesto por cuatro frases.

En el segundo, tenemos cuatro párrafos. Y está compuesto por ocho frases (el doble). Eso quiere decir que las oraciones son más cortas.

¿En qué consiste la técnica de acortar?

Acortar palabras: "culpar" por "culpabilizar" (y muchas más como se puede comprobar).

Acortar frases: poner un punto y seguido donde aparezcan conjunciones o conectores como "y", "que", "puesto que"…

Acortar los párrafos: se añaden más puntos y aparte, donde había puntos y seguido.

Todo esto que he dicho en este capítulo no sirve en aquellos mails que piden donaciones para causas altruistas. Está demostrado que, para convencer a alguien, hay que escribir correos largos, pues la persona espera eso: que la convenzan de que vale la pena aportar dinero.

Un ejemplo de ello es change.org, la plataforma que recoge firmas para apoyar todo tipo de causas: para terremotos, a favor de los animales, personas enfermas... Sus correos electrónicos tienen muchas líneas. Los párrafos son largos.

Esa "densidad" es, según me dijo alguien, lo que favorece su mensaje. La gente no está dispuesta a poner dinero por causas que se comunican en diez líneas.

Te recomiendo

Haz la siguiente prueba: escribe un texto a tu gusto, y al terminar, localiza las palabras que tengan más de cuatro sílabas (incluidas las de cuatro). A continuación, sustitúyelas por palabras de hasta tres sílabas. Verás que tu texto gana ritmo.

Los números y las letras

Está probado que escribir 1,4 millones es más fácil que escribir 1.457.547. millones.

Al cerebro le cuesta procesar el amontonamiento de cifras.

De la misma forma, cuando hablamos de porcentajes, es más fácil entenderlo en letras ("la tercera parte") que en números ("el 33%").

Y mucho mejor es escribir en letras "dos de cada diez personas" que "el 20% de la población".

Como se ve, lo fácil no consiste en más o menos letras o números, sino en entender cómo funciona la comprensión humana. Ya he dicho en otro capítulo (listículos) que el cerebro digiere mejor las cosas que sean fáciles de imaginar.

Las normas de estilo de casi todos los periódicos del mundo[12] sientan que las cifras de **cero a nueve** se deben expresar en letras, como acabo de hacer ahora. Y a partir de 10, en números. Se hacen excepciones cuando se trata de marcadores deportivos: "Restrepo anotó 7 puntos, y Martínez logró 5 rebotes"

Los años, por cierto, se expresan siempre sin puntos: 1893 (y no 1.893).

---

[12] De la Serna, Víctor (coordinador). *Libro de estilo de El Mundo*. Unidad Editorial. S.A. Madrid. Página 83 y ss.

En cuestión de porcentajes, funcionan mejor las cifras redondas:

50%

75%

25%

20%

En cambio, las que no terminan en 5 o 0, son más difíciles de recordar con el tiempo.

52%

78%

23%

Menos aún, las que tienen decimales.

23,6%

Por otro lado, como he dicho en otro capítulo, el cerebro procesa mejor las cosas troceadas. La acumulación de cifras crea un pequeño bloqueo mental. Por ejemplo, imaginemos que en un correo nos adjuntan un número de teléfono al que debemos llamar inmediatamente:

629586712

Casi seguro que, al teclearlo, fallaríamos al primer intento. Perdemos tiempo. Pero si lo adjuntan con uno o dos espacios intercalados, **629 58 67 12**

...es mucho más fácil de teclear. Ganamos tiempo.

La prueba de que la mente procesa mejor los números divididos por espacios es que la mayoría de la gente "canta" los números de teléfonos personales haciendo entonaciones diferentes cada dos o tres cifras, o deteniéndose en cortos lapsos en cada grupo de cifras.

Seis-Dos-Nueve…Cinco-Ocho… Sesenta y Siete… Doce

Muchas empresas, pagan dinero a las compañías telefónicas para obtener números de teléfono fácilmente recordables para sus clientes o por motivos publicitarios.

900 12 12 12

Eso además les sirve para "cantar" su número en los anuncios de radio y televisión, de modo que los oyentes memoricen rápidamente las cifras.

En Estados Unidos, empresas, instituciones y particulares pagan por obtener los denominados "teléfonos de vanidad" (*vanity numbers*).

Si quieres unirte ya al Ejército de los Estados Unidos, solo tienes que marcar en tu teléfono el número

1-800-USA ARMY[13].

Puesto que es más fácil recordar una palabra que una serie de números, este truco permite usar las letras del alfabeto que están debajo de los números en el teclado para facilitar la llamada telefónica.

---

[13] "Now, say it with numbers". *The New York Times*. 27 de marzo de 1987.

Te recomiendo

Toma algún artículo de la prensa económica, localiza las cifras, y trata de ver si puedes hacer ese artículo más comprensible, aplicando las reglas de este capítulo.

Adiós a estos signos: ¿ ¡

Echemos un vistazo a los mensajes en WhatsApp, en Twitter, por SMS. ¿Cuántos de nosotros usamos los signos de apertura de interrogación como el que aparece en el comienzo de esta pregunta?

Usamos el de cierre. No el de apertura pues solemos escribir así:

Dónde quedamos?

Viene Juan?

A qué hora es la cena?

Lo mismo está pasando con los exclamativos. Solemos usar los de cierre, y encima ponemos varios. "Feliz cumple!!!!"

Estamos prescindiendo de los signos de apertura por varias razones: muchos dispositivos móviles no tienen signos de apertura sino de cierre; el medio de comunicación más usado ahora es el móvil; y, por último, cuando usamos el celular, queremos enviar el mensaje pronto.

Un ejemplo. Una política comentó en su perfil de Twitter la noticia (falsa) de que un partido propondría que los despedidos pagasen a sus empresas por el despido. Y lo hizo sin poner interrogaciones de apertura.

"Y les va a votar alguien? El despedido tendrá que indemnizar a la empresa? Estáis locos".

Inmediatamente, el líder de aquel partido le respondió por Twitter con otra pregunta y sin usar la interrogación de apertura:

"Pero cómo puedes creerte esa barbaridad?".

Aunque dispongamos de teclas con los dos signos de apertura y de cierre, prescindimos del primero pues vivimos presionados por la escritura rápida: nos saltamos los signos prescindibles siempre que se entienda el sentido. Suprimimos comas, dos puntos, puntos y comas, mayúsculas, y por supuesto, los signos de apertura de interrogación y de exclamación.

Pero hay algo que está pasando: la supresión de las interrogaciones de apertura ha saltado a los correos electrónicos escritos con teclados completos en español y frente a un ordenador. Y de los correos a los documentos de Word y hasta las presentaciones de Power Point. ¿Seguirá su camino hasta que las Academias de la Lengua Española, en América, y la Real Academia en España opten por eliminarlos?

La RAE dice: "A diferencia de lo que ocurre en otras lenguas, los signos de interrogación y exclamación son signos dobles en español, como los paréntesis o los corchetes. Por tanto, es incorrecto prescindir del signo de apertura en los enunciados interrogativos o exclamativos".

Pero la historia demuestra que la Academias acaban adaptándose a las costumbres. De seguir así, tarde o temprano acabaremos matando el signo de apertura en interrogaciones y exclamaciones. ¿Y eso es bueno?

En inglés, se puede obviar porque ellos están obligados a poner antes el verbo que el sujeto para significar que ahí viene una pregunta: *"Are you sure?"*. Esa pregunta se entiende hasta sin signo. *Are you sure.*

Pero en español no escribimos los pronombres "yo, tú, él, nosotros". De modo que sin el signo, no se entiende.

Tienes razón.

Tienes razón?

Encima, nuestro idioma es tan plástico que podemos alterar el orden de los elementos, sin que las oraciones pierdan mucho sentido siempre que tengan todos los signos.

Si no los usamos, será un problema entender textos como este:

> "Estamos seguros de estar cumpliendo correctamente con nuestra labor de bomberos para salvar vida humanas y para ofrecer un servicio útil a la comunidad?".

Ups.

Hemos tenido que esperar a ver el signo de cierre para saber que era una pregunta. A viva voz, las preguntas, en todos los idiomas, terminan con un tonema elevado. Pero cuando es por escrito, en español necesitamos ver el signo de apertura de interrogación para preparar el tonema.

Si desaparece nuestro signo de interrogación de apertura, al español le va a pasar como al alemán: que no se sabe de qué diablos está hablando el orador hasta que termina su parrafada pues ellos ponen el verbo en la última posición.

Quizá sea triste que desaparezca la interrogación de apertura, pero parece que ya se está imponiendo. Entre todos la estamos matando. Así es el idioma.

(Por cierto, dicen que el signo '?' viene de la contracción de la palabra latina 'Questio' (pregunta), o de las transcripciones del griego antiguo donde el punto y coma (;) era el signo de pregunta).

Te recomiendo

Debes usar la interrogación y la interjección de apertura en los correos electrónicos para demostrar a la otra persona tu calidad en la forma de escribir. Usarlo en otros medios como WhatsApp, lo dejo a tu criterio.

La caja de sorpresas

Cuando se inventó internet a mediados de los años 90 del siglo veinte, el correo electrónico pasó de ser un sistema reducido de comunicación, a ser un medio global.

Hoy, el número de mensajes enviados por correos electrónicos es de millones al día. En el mundo de la empresa es el medio de comunicación más popular. Es tan adictivo como comer chocolate.

Periódicamente miramos la bandeja de entrada para saber si hemos recibido correos electrónicos, lo cual interrumpe nuestras tareas cotidianas.

¿Por qué es tan adictivo?

Los neurocientíficos lo llaman "gratificación inmediata". Es como abrir permanente una caja de sorpresas. Queremos saber qué hay dentro de ella. Sorprendernos. Hallar algo nuevo.

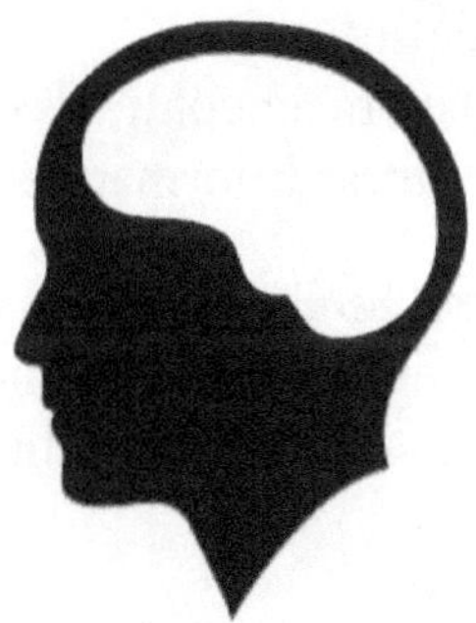

El deseo es tan inminente que se convierte en una droga. Esa droga se llama dopamina. Es el neurotransmisor de la curiosidad. Necesitamos un "chute" de dopamina. Nos enganchamos de tal modo que detenemos cualquier actividad en la oficina para consultar los correos electrónicos, aunque no estemos esperando algo urgente.

Los "chutes" de dopamina interrumpen nuestra atención, y entorpecen el ritmo de trabajo. Por eso, al igual que los drogadictos, hay que saber dominar esta adicción para que no se convierta en un interruptor: enciende y apaga permanentemente nuestra capacidad de atención.

Algunos llaman a estas distracciones "multitareas". Pero la verdad es que el cerebro humano no se atarea en diferentes cosas a la vez, sino en una sola: lo que hace es saltar de una a otra rápidamente, lo cual le hace inefectivo.

No nos damos cuenta de que degrada nuestra percepción, pero lo seguimos haciendo. ¿Por qué?

"La novedad está asociada con la recompensa en nuestro cerebro", dicen los neurocientíficos Adam Gazzaley y Larry D. Rosen. "Buscar lo novedoso es una fuerza poderosa para explorar nuevos territorios y por ello ofrece claras ventajas para la supervivencia"[14].

Somos criaturas en busca de información. Antes usábamos la dopamina (curiosidad) para encontrar comida y agua. Y ahora la usamos para encontrar información.

Dicho de otro modo: nuestro cerebro evolucionó para recompensarnos cuando encontrábamos agua o comida, cosa que sucedía en intervalos largos de horas o días. Pero

---

[14] Gazzaley, Adam y Rosen, Larry D. *The distracted mind: ancient brains in a high tech world*. The Mit Press. 2016. USA. Kindle edition. P. 12.

90

nosotros lo estamos usando para encontrar información, cosa que hacemos en lapsos muy cortos, incluso interrumpiendo nuestra actividad mental cada 90 segundos debido al fácil acceso a la información.

Como dicen los neurocientíficos Gazzaley y Rosen, nuestra hambre, al igual que los primates, se saciaba antes con agua y comida, pero ahora consumimos información de modo que somos "viejos cerebros viviendo en un mundo de alta tecnología"[15].

Los neurocientíficos han hecho muchos estudios sobre la atención humana. Para evitar las distracciones recomiendan técnicas de concentración basadas en el *mindfulness*: está basada en controlar la información que nos llega a través de los aparatos, en técnicas de relajación y en el aislamiento psicológico.

Te recomiendo

Recuerda: menos interrupciones, más atención.

Thomas Jackson es el científico que más se ha ocupado de los correos electrónicos en el trabajo. Recomienda una serie de reglas para ser más productivos y evitar las interrupciones[16].

---

[15] Gazzaley, Adam y Rosen, Larry D. Op. Cit. P. 9.

[16] Jackson, Thomas; Dawson, Ray y Wilson, Darren. "The cost of e mail interruption". Computer Science Department, Loughborough University, Loughborough, Leicestershire, UK.

1) Reduce las interrupciones desactivando el cuadro de diálogo de alerta de correo electrónico y las alertas de sonido de correo electrónico.

2) Restringe el uso de mensajes de correo electrónico "a todos", y en particular mensajes de "respuesta a todos". Emplear grupos de usuarios de correo electrónico más específicos puede ayudar a este respecto.

3) Configura la aplicación de correo electrónico para mostrar en la bandeja de entrada el remitente, el asunto y las tres primeras líneas del correo electrónico para que el destinatario pueda determinar rápidamente si el correo electrónico requiere atención inmediata.

4) Configura la aplicación de mensajes para verificar el correo electrónico cada 45 minutos.

5) Entrena a todo el personal de tu empresa sobre cómo usar el correo electrónico en áreas como la configuración de la prioridad del correo electrónico, el mantenimiento de correo electrónico con reglas de mensajes, el uso efectivo de los grupos de usuarios y las libretas de direcciones, construyendo correos electrónicos mejor estructurados.

¿Por qué no usar WhatsApp?

Esa es la pregunta. ¿Por qué usar el correo electrónico si se puede usar WhatsApp?

De hecho, es lo que hacemos cuando no nos abren los correos electrónicos. Enviamos un mensaje por WhatsApp diciendo: "Te he enviado un correo. ¿Puedes abrirlo?".

WhatsApp es una aplicación de mensajería que se ha convertido en algo así como el correo electrónico urgente e inmediato. Se aprovecha del lapso de tiempo que hay entre el emisor y el receptor de un correo, pues aunque parezca un diálogo no lo es.

WhatsApp tiene muchas ventajas sobre el correo electrónico:

–Textos cortos.

–Reducida distracción.

–Diálogos más rápidos.

–Intercambio inmediato y fluido.

Además, permite el envío de documentos en pdf, fotografías, videos y enlaces.

En las empresas, se crean grupos de WhatsApp temporales para acometer un proyecto, o permanentes, para estar en contacto y comentar instrucciones y novedades.

Sin embargo, aún se percibe como un medio informal de comunicación. No hay cursos sobre cómo usar WhatsApp (o cualquier aplicación parecida como Telegram). Todo el mundo lo usa con soltura, pues es sencillo y fácil.

Pero sí hay cursos de WhatsApp Marketing.

Los comerciales se han dado cuenta de que nadie abre sus correos electrónicos o que son enviados a la bandeja de spam. De modo que están empleando las herramientas de marketing de WhatsApp como fotos y vídeos para enviar mensajes en masa: venden productos, promocionan Podcast, hacen encuestas, ofrecen descuentos, noticias, sorteos, cupones…

Muchas empresas de nueva creación usan WhatsApp en lugar del correo electrónico tradicional porque piensan que les resulta más útil para comunicarse con sus clientes. También hay empresas que engatusan prometiendo elevar el CTR (*click through rate*, o tasa de clics) si contratan sus servicios de especialistas de WhatsApp Marketing. Presentan cifras sorprendentes: hay cientos de millones de personas que usan WhatsApp; la aplicación está disponible en 55 idiomas, está en más de cien países…

Pienso que ese marketing funciona a medias: la gente admite mensajes de personas conocidas, pero los bloquea de inmediato cuando suenan a publicidad.

Como esta no es una guía para ese sector, yo recomiendo los sistemas de mensajería instantánea como WhatsApp solo cuando el correo tradicional falla. Como he dicho al principio, la tasa de apertura de correos electrónicos en el mundo de la empresa es decepcionante en comparación con los correos de familia o amigos. A veces, hay que usar otros medios para llegar.

Por último, una de las ventajas del WhatsApp es que es un medio más informal que el correo electrónico, y por lo tanto los mensajes confusos, rudos o que generan enfados se suavizan con emoticonos o emojis. ¿No?

Te recomiendo

Cuando no responden a nuestros correos urgentes, no lo dudes: usa WhastApp o cualquier sistema rápido de mensajería.

Gmail, Outlook y otras mensajerías permiten conversar con la misma rapidez que WhatsApp mediante sus aplicaciones de chat. Cierto. Pero muchas veces la gente mira más WhatsApp que el correo electrónico, con lo cual están desconectados de sus bandejas de entrada.

Nada sustituye al cara-a-cara

Más de una vez nos ha ocurrido la siguiente situación. Enviamos un correo electrónico, y poco después recibimos una respuesta en un tono desagradable. Nosotros respondemos con más rabia, y al final caemos los dos en una rueda de correos incendiarios.

Cuando un correo elecrónico produce ese efecto solo hay una manera de cortar la hemorragia de enfados: llamar por teléfono o presentarse en la oficina de la otra persona.

Nada sustituye al cara-a-cara. Comparados con los medios de comunicación verbales tradicionales, el teléfono y las comunicaciones a distancia son cosas de hace pocas décadas. Durante toda nuestra evolución nos hemos comunicado verbalmente y usando el lenguaje corporal. Si yo escribo ahora:

Tengo que verte ahora porque hay algo que estás haciendo muy mal y lo debes corregir ya.

Da la impresión de que voy a echarte una reprimenda muy dura. Y lo es. Pero hay varias formas de decirlo. Algunas producen más escalofríos que otras.

Por ejemplo:

trata de pronunciar esa frase arqueando las cejas hacia arriba, con una voz suave y sonriendo ligeramente. Para inspirarte, fíjate en la imagen que lo acompaña.

"Tengo que verte ahora porque hay algo que estás haciendo muy mal y lo debes corregir ya".

Verás que rebajas el contenido nocivo del mensaje. No parece una reprimenda, sino una suave llamada de atención.

Ahora, haz lo contrario: arruga las cejas, pon las comisuras de la boca hacia abajo y dilo con voz grave y fuerte.

"Tengo que verte ahora porque hay algo que estás haciendo muy mal y lo debes corregir ya".

Parece una dura reprensión

La frase es la misma, pero el impacto es diferente.

Por eso, cuando tengas que decir cosas delicadas o sensibles, ve a hablar directamente con la persona. Mejor el contacto cara-a-cara que por teléfono. Por teléfono se logra modular el tono de voz, pero la presencia personal logra complementar el mensaje con el lenguaje no verbal más importante del ser humano: los gestos de la cara y la mirada.

Te recomiendo

Trata de pronunciar esta frase ("Tengo que verte porque hay algo que estás haciendo muy mal y lo debes corregir ya") con diferentes entonaciones y caras ante un espejo: enfadado, contento, triste, ansioso, divertido, aburrido, cansado, medio dormido... Verás cómo cambia el sentido.

En muchos centros de atención telefónica al cliente, recomiendan a los operadores sonreír al responder las llamadas. Eso automáticamente les obliga a poner un tono de voz agradable.

Cómo parecer eficaz

Cuando envías por correo electrónico un enlace a alguna página de internet, el receptor no suele pinchar sobre el enlace.

Para ahorrarle tiempo, junto al enlace, adjunta unas líneas del texto de ese enlace, es decir, trata de copiar y pegar la parte más importante del texto. Ahórrale tiempo.

Hola amigos: Qualcom está experimentando con nuevas pantallas para e books.

Qualcomm presentó en una conferencia sobre tecnología un prototipo de un nuevo tipo de pantalla para dispositivos electrónicos que está a medio camino entre las pantallas brillantes y en color, pero de difícil legibilidad en malas condiciones de luz, y las de los libros electrónicos en blanco y negro, que pueden leerse a la luz del sol.

http://noticias.lainformacion.com/ciencia-y-tecnologia/nuevas-pantallas-mas-legibles-de-qualcomm-para-todo-tipo-de-dispositivos-electronicos_CKhuoDFD13l5paJhtUbFX6/

Detalles como este hacen que la gente te aprecie porque les haces ganar tiempo.

Otra manera de parecer una persona eficiente es responder a un mensaje inmediatamente. No digo en un lapso de 24 horas, sino en cuestión de segundos o de minutos.

Por ejemplo, cuando alguien nos pregunta si vamos a estar disponibles en determinadas fechas, el hecho de responder inmediatamente con nuestro "sí" o "no", o con fechas alternativas, produce una imagen de persona diligente. Claro que eso se puede hacer cuando coincide que tenemos el correo elecrónicos abierto.

El simple hecho de cumplir lo prometido, incluso antes de lo esperado, es un signo de persona confiable.

Todos proyectamos una imagen ante los amigos, y dentro y fuera de la empresa, pero también ofrecemos una imagen en los correos electrónicos. Unos parecen dinámicos y responsables; otros se toman mucho tiempo y son más perezosos.

Si necesitas tiempo para meditar y preparar tu respuesta, envía un mail inmediato diciendo que responderás en un par de días. Y, como he dicho en otro capítulo, si retrasas tu respuesta por una razón ajena, escribe el próximo mail diciendo: "Siento la tardanza: no me he olvidado de ti, pero ha surgido algo inesperado".

Usar textos limpios, sin exceso de negritas o subrayados, con textos cortos y al grano, y responder con diligencia, dan la imagen de persona ordenada y en la que se puede confiar.

Creo que es uno de los valores más importantes en un mundo deshumanizado por culpa de las prisas y las tareas.

Te recomiendo

–No abarrotes un correo electrónico de enlaces, logos, fotos y texto, produce mucha confusión en la persona que lo lee. Cuando menos esfuerzo tenga que hacer, nos tendrá en más consideración.

–Responde a un correo en un máximo de 24 horas.

El método de Jeff Bezos

El gran salto de Amazon se produjo por la vía de los correos electrónicos. Su presidente y fundador Jeff Bezos usó este medio barato para enviar un mensaje a mil clientes en 1997 preguntándoles, "Aparte de lo que vendemos hoy (libros), ¿qué te gustaría que vendiéramos?".

Llegaron miles de respuestas. Una de ellas por ejemplo le pedía que vendieran limpiaparabrisas, y entonces Bezos descubrió algo: "¡Podemos vender cualquier cosa!". Y lo hizo.

Gracias a aquella innovación nacida de una encuesta por correo electrónico, hoy Amazon es "la gran tienda del mundo". Y no hay nadie que le rechiste. En 1997 vendía un millón de productos, libros sobre todo. En enero de 2018 tenía en catálogo 562 millones de productos.

Y la categoría más exitosa no es la de los libros, sino la de ropa, calzado y joyería: 162 millones de productos, según scrapehero.com. Por cierto, hay 5.000 tipos diferentes de limpiaparabrisas.

El correo electrónico es una de las herramientas preferidas de Bezos para, entre millones de informes, estar al día de lo que está pasando. En una entrevista en el Centro Presidencial George Bush, Bezos confesó:

"Todavía tengo una dirección de correo electrónico a la que los clientes pueden escribir", dijo. Bezos no suele responderlos, pero los lee.

"Leo la mayoría de esos correos electrónicos. Los veo y los reenvío a los ejecutivos a cargo del área con un signo de interrogación: ? Es como decirle en pocas palabras: ¿Puedes ver esto?, ¿Por qué está sucediendo esto?".

Según *Business Insider*, cuando un ejecutivo recibe este mensaje de Bezos con el signo de interrogación, lo remite al gerente a cargo del área, "quien verá el correo electrónico con el corazón hundido".

Ese mensaje le obliga a dejar todo e investigar el origen del problema hasta dar con la respuesta. "A veces eso significa mucha investigación durante las noches y los fines de semana", informaba *Business Insider*.

La dirección de correo electrónico es jeff@amazon.com. Y es la mejor forma, decía el periódico, de estar cerca de los clientes.

"De otra forma sería difícil de hacer pues un ejecutivo está muy alejado del servicio de atención al cliente del día a día y ve a la compañía principalmente a través de datos e informes".

"Tenemos toneladas de métricas. Cuando se envían miles de millones de paquetes al año, necesitamos buenos datos y métricas: ¿estamos entregando a tiempo? ¿Estamos llenando las cajas de mucho aire?".

De modo que si los datos dicen una cosa, y los clientes dicen otra en sus correos electrónicos, Bezos acaba creyendo a los clientes.

"Lo que he notado es que cuando las historias de los clientes y los datos no están de acuerdo, las historias suelen ser correctas. Significa que lo estamos midiendo mal".

Te recomiendo

Si tienes una empresa, habilita un servicio de quejas por correo electrónico que sea visible y al que los clientes puedan acceder con facilidad. Y revísalo diariamente.

La corrección final

Vamos a admitirlo: casi nadie revisa sus correos electrónicos antes de enviarlos.

Por eso recibimos mensajes mal escritos, repletos de erratas, con toda clase de incorrecciones ortográficas y sintácticas. Lo más preocupante es que admitimos esas erratas porque nosotros también las cometemos.

Las circunstancias que rodean a los correos electrónicos los convierten en herramientas de comunicación no sujetas a ningún tipo de norma de la Academia de la Lengua. Nos puede resultar molesto, pero lo admitimos. No es un documento de Word. No es un papel. No es un Power Point.

Es un correo electrónico, un mensaje que se envía en medio de un viaje en tren o metro, caminando o en el ascensor, de modo que el rango de errores es muy elevado.

Todas las aplicaciones de correos electrónicos poseen comandos que detectan errores. Subrayan las palabras sospechosas, y las pueden corregir automáticamente.

En los correos electrónicos, tambien podemos apretar un botón de "corrección ortográfica" antes de enviar el mensaje, pero no lo hacemos por pereza.

Hay que hacerlo. Sobre todo si nos jugamos un contrato. Nuestra imagen se proyecta a través del correo electrónico, de modo que tiene que estar gramaticalmente perfecto. Sin erratas de ningún género. Y por supuesto, proyectamos en cada mensaje la imagen de nuestra empresa.

Te recomiendo

Antes de enviar el mensaje, léelo por segunda vez. Para cerciorarte de que no cometes errores debido al cansancio, usa la punta de un lápiz para guiar tu lectura. Así detectarás más rápidamente las erratas.

En la versión en inglés, Gmail detecta el sentido de las oraciones y propone palabras para completar las frases. Existe una aplicación en inglés llamada Grammarly que ayuda a corregir errores en cualquier texto escrito en ese idioma. Tiene el inconveniente de que la aplicación registra y memoriza todo lo que se ha escrito, lo cual puede ir contra la privacidad.

Algunas curiosidades

La arroba (@) es uno de los signos más antiguos de la cultura europea. Empujados por la necesidad de copiar muchos textos en poco tiempo, los escribas del siglo VI en adelante crearon signos que eran la fusión de otros.

La arroba significa en latín "ad", es decir, "hacia" o "a", y es porque esas dos letras romanas se habían fundido en una: @. En inglés se le llamó "at" y era un signo comercial que quería decir "cada uno al precio de…". Por ejemplo, 3 barriles@200 libras significaba: "tres barriles, cada uno al precio de 200 libras".

El signo se extendió por toda Europa y fue bautizado de diferentes maneras: "oreja de elefante" en Suecia, "cola de mono" en Holanda, "chiocciola" (caracol) en Italia, y "arroba" en español, que era una medida medieval de peso que procede del árabe "rub".

Hoy día es el signo matemático del área. Se le incluyó en las máquinas de escribir situándola por encima de la tecla A, pero no siempre fue así.

Ray Tomlinson, ingeniero y programador del MIT (Massachussets Institute of Technology) que trabajaba para Arpanet, la usó por primera vez en 1971 para facilitar los intercambios de correos electrónicos.

En primer lugar, puso el nombre de la persona que usaba el correo, y en segundo lugar, añadió el servidor por el cual enviaba su correo. Y en medio, decidió interponer la arroba como signo separador, pues era una tecla casi inservible que estaba a la derecha de la letra P de su máquina Teletype 33.

Cuando le preguntaron cuál fue el primer mensaje de aquella inmensa revolución que puso en marcha, respondió: "Algo así como QWERTYUIOP (que es la primera fila de letras de una máquina de escribir)". Pero luego confesó que en realidad no se acordaba.

Tomlinson, que falleció en 2016, habría sido multimillonario si hubiera patentado su creación. Donó su invento al mundo.

Por cierto, las letras cc y bcc que aparecen en los correos elecrónicos en inglés tienen su origen en la vieja escritura con máquinas de escribir. En castellano decimos "con copia", o "con copia oculta", pero en inglés es *carbón copy* o *blind carbón copy*.

Ambas se refieren a la vieja copia de papel que se hacía cuando se escribía en las máquinas con teclas. En el rodillo, entre dos papeles en blanco se ponía una hoja de carbón. Bajo la presión de las teclas, se creaba una copia en carbón o *carbon copy*. Las hojas de carbón eran engorrosas de manejar y manchaban mucho las manos.

Ejemplos 1: mail al cliente

Correo a un cliente de la compañía. **Versión no recomendada.**

Apreciado señor Ibarra:

No he podido hacer todavía el presupuesto porque no tengo los materiales y ustedes siguen demorándose en la entrega de información esencial. Sin esa documentación, no me siento con la confianza necesaria para elaborarlo.

Hay cosas que quiero aclarar: en primer lugar, nadie nos ha especificado la duración de estudio. Tampoco sabemos si ustedes han aprobado el informe. Les adjuntamos hace un mes un presupuesto orientativo, pero no podemos proseguir si ustedes no dan el visto bueno a ese presupuesto. Nos es por tanto difícil empezar a trabajar.

Le pido que me envíe tan pronto como sea posible todos estos datos, porque de otra forma estaremos atascados.

Gracias.

Juan Pablo Gómez.

Versión recomendada.

____

Apreciado señor Ibarra:

Sé que está muy ocupado y por eso quiero ahorrarle tiempo.

Estamos tratando de elaborar el presupuesto definitivo pero esperamos aún los materiales necesarios que nos prometieron. Tememos que esta demora pueda comprometer el proyecto.

Sin esa documentación, nos falta la confianza necesaria para elaborarlo. Nos gustaría conocer:

a)   La duración de estudio.
b)   Alcance geográfico del proyecto
c)   Aprobación por ustedes del informe.

Les adjuntamos hace un mes un presupuesto orientativo, pero estamos atascados .

Nos encantaría empezar a trabajar. ¿Podría acelerar la entrega de los documentos? Así saldríamos de nuestro atasco.

Gracias por su comprensión y por su tiempo.

Juan Pablo Gómez.

____

La clave de esta versión es que respetamos el tiempo de la otra persona, suprimimos las negaciones, separamos los párrafos, acortamos las frases, intercalamos una lista de lo más importante, introducimos pregunta, eliminamos los imperativos, alargamos la despedida, usamos el plural 'nosotros', empleamos palabras más personales y cercanas, e introducimos la cortesía.

Ejemplo 2: mail a compañero

Versión A.

____

Asunto: debes enviar el presupuesto
Hola:

Necesito el presupuesto del proyecto Alfa del que hablamos hace un mes. Quiero que tú y todo tu equipo se ponga con ello. Debes calcular los gastos de la planta de Bogotá. Incluye también los gastos extraordinarios de Barcelona.

La entrega tiene que ser antes de una semana, de lo contrario sufriremos una penalización de 10.000 euros al día.

Gracias

____

Versión B.

Asunto: necesito tu ayuda con el proyecto Alfa

Hola, Juan: ¿cómo estás?

Necesitaría lo antes posible el presupuesto del proyecto Alfa del que hablamos hace un mes. Me encantaría que todo tu equipo se pusiera con ello. ¿Podrías calcular los gastos de la planta de Bogotá? Querría también saber los gastos extraordinarios de Barcelona.

La entrega tendría que ser antes de una semana, de lo contrario sufriríamos una penalización de 10.000 euros al día. Te agradezco de corazón tu esfuerzo.

Un abrazo

La diferencia es que en la versión B hemos incluido:

-Asunto con palabra clave: "ayuda" en lugar de "debes".

-Nombre propio: Hola, Juan.

-Preocupación personal: ¿cómo estas?

-Verbos en condicional: necesitaría, encantaría…

-Pregunta: ¿Podrías calcular los gastos?

-Reconocimiento: te agradeco tu esfuerzo.

-Palabras emocionales: corazón.

Ejemplo 3: para reforzar relaciones

Envía un mail a la persona con la que acabas de compartir una reunión, una comida o un seminario. No te demores. Estrecharás lazos más que profesionales.

Son lazos humanos que te servirán para mantener un contacto estrecho y lograrás que te responda rápidamente en el futuro.

Tienes que llegar a su parte emocional o límbica. A su inconsciente.

> Hola Julia:
>
> Me ha encantado conocerte en este Congreso de Odontología. He aprendido mucho de nuestra conversación, y además tienes muchas ideas novedosas.
>
> Creo que tenemos muchas cosas en común.
>
> Espero coincidir de nuevo en otra ocasión. Estoy a tu disposición.
>
> ¡Un fuerte abrazo y gracias por todo!
>
> Ana

Ejemplo 4: el mejor correo del mundo

Este correo electrónico contiene los elementos principales que hemos visto en esta guía: usar preguntas, pedir ayuda, saludar cortésmente, ir al grano, usar listas, destacarlas con márgenes y viñetas, separar párrafos, emplear palabras de hasta tres sílabas, usar frases cortas, emplear palabras emocionales (corazón), escribir en condicional, eliminar las negaciones y despedirse usando interjecciones.

Asunto: ¿me puedes ayudar con el proyecto Alfa?

Hola Juan: ¿cómo estás?

Tengo cuatro preguntas sobre el proyecto Alfa del que hablamos hace un mes.

- ¿Podrías poner a todo tu equipo con ello?
- ¿Podrías calcular los gastos de Colombia?
- ¿Podrías añadir los gastos extra?
- ¿Podrías tenerlo antes de una semana?

Recuerda que de lo contrario nos caería una pena de 10.000 euros al día. Gracias de corazón por tu esfuerzo.

¡Un abrazo!

Normas de seguridad

–No copies direcciones de mails y los envíes a otros por correo sin su permiso (o usando Con Copia). En muchos países, la ley castiga esa violación de la intimidad pues lo considera "revelación de datos personales".

–Los mensajes que se envían con copia a muchas personas dentro de la misma empresa y con correos de empresa, son la excepción a la anterior norma. Pero cuando se copian y se envían direcciones personales (no de empresa), se incurre en "revelación de datos".

–Los empresarios, a pesar de ser dueños de los ordenadores de la empresa, no pueden inspeccionar los mensajes de los empleados, a menos de que comuniquen previamente esa intervención.

–Cada vez hay más jurisprudencia a favor de empleados a los que no se les avisó antes de revisar su correo electrónico. La empresa tuvo que indemnizarles.

–El empresario puede perfectamente implantar una normativa relativa al uso de los sistemas informáticos, en especial el uso de Internet y de correo electrónico.

–El empresario puede incluir una cláusula en los contratos sobre el uso confidencial y profesional de internet y el mail. Puede hasta despedir al empleado, si prueba el mal uso de estos medios.

–Si los empleados se descargan archivos ilegales, la empresa es "responsable in vigilando", si no interviene a tiempo para detener esa actitud.

–Es conveniente poner un aviso o advertencia (*disclaimer*) al final de cada mail, para asegurarse de que si ese mensaje le llega a alguien incorrectamente, puede ser castigado por la ley si hace uso de esa información.

–Los empleados pueden incurrir en un comportamiento delictivo si revelan secretos de la empresa, es decir, el know-how. Esas fugas de información propia de la compañía, y los delitos contra la propiedad intelectual, pueden castigarse.

–Las empresas que cotizan en Bolsa deberían advertir a todos sus empleados que cualquier información confidencial que salga de la empresa por correos electrónicos, puede estar violando la ley, y puede ser penalizada.

–Si te arrepientes de haber enviado un mensaje, puedes configurar tus correos para deshacer el envío. En Configuración, puedes elegir cuántos segundos debe demorarse el envío. Creo que 30 segundos es más que suficiente.

Otros libros de Carlos Salas:

Trucos para escribir mejor. Amazon, 2013.

Storytelling: la escritura mágica. Mirada Mágica. Madrid. 2017.

Manual para Escribir como un Periodista. Mirada Mágica. 2015.

Cómo Hablar y Presentar en Público. Mirada Mágica. 2016.

La Edad de la Codicia. Mirada Mágica. 2009.

Las Once Verdades de la Comunicación. Lid. 2010.

La Tumba Perdida de Cervantes. Mirada Mágica. 2016.

Sobre el autor:

Carlos Salas es periodista y profesor de comunicación. Imparte clases de comunicación en España, Venezuela y Colombia. Es profesor de EAE Business School, de Cesma, de CIS-Endicott, de MBIT, de *Storytelling* en la Facultad de Periodismo de la Universidad Complutense, y el Máster de Periodismo de *El Mundo*. También da clases de Escritura, de *Storytelling*, de Hablar en Público y Presentaciones en Power Point para profesionales, empresas y para periodistas.

Edición: enero de 2019. Corrección: abril de 2022. (V9). Para comentarios, escribir a: carsalas21@gmail.com

Agradecimientos

Iconos realizados por Eucalyp, Mavadee, Freepik y Katarina Stefanikova en www.flaticon.com